UNIVERSITY OF NORTH CAROLINA AT CHAPEL HILL
DEPARTMENT OF ROMANCE LANGUAGES

NORTH CAROLINA STUDIES
IN THE ROMANCE LANGUAGES AND LITERATURES

Founder: URBAN TIGNER HOLMES

Distributed by:

UNIVERSITY OF NORTH CAROLINA PRESS
CHAPEL HILL
North Carolina 27514
U.S.A.

NORTH CAROLINA STUDIES IN THE
ROMANCE LANGUAGES AND LITERATURES
Number 192

RICHARD SANS PEUR

RICHARD SANS PEUR

Edited from *Le Romant de Richart* and
from Gilles Corrozet's *Richart sans Paour*

BY

DENIS JOSEPH CONLON

CHAPEL HILL

NORTH CAROLINA STUDIES IN THE ROMANCE
LANGUAGES AND LITERATURES

U.N.C. DEPARTMENT OF ROMANCE LANGUAGES

1977

Library of Congress Cataloging in Publication Data

Main entry under title:
Richard Sans Peur.

   (North Carolina studies in the Romance languages and literatures; no. 192)
   Bibliography: p.
   Includes index.
   1. Richard I, San Peur, 3d Duke of Normandy, 942-996—Literary collections. I. Corrozet, Gilles, 1510-1568. Richart Sans Paour. 1977. II. Conlon, D. J. III. Richard Sas Peur (Romance). 1977. IV. Series.

PQ1110.R53R5   841'.3   77-10927
ISBN 0-8078-9192-4

I. S. B. N. 0 - 8078 - 9192 - 4

DEPÓSITO LEGAL: V. 2.731 - 1977   I. S. B. N. 84-399-7423-X
ARTES GRÁFICAS SOLER, S. A. - JÁVEA, 28 - VALENCIA (8) - 1977

CONTENTS

Page

INTRODUCTION ...	9
The Fifteenth and Sixteenth Century Editions ...	11
Gilles Corrozet ...	14
The Sources of *Richard sans Peur* ...	16
A Summary of the narrative ...	25
Language ...	33
Establishing the text ...	34
LE ROMANT DE RICHART ...	35
List of Proper Names and Place Names ...	65
RICHART SANS PAOUR ...	67
List of Proper Names and Place Names ...	114
GLOSSARIES	
Le Romant de Richart ...	116
Richart sans Paour ...	118
BIBLIOGRAPHY ...	121

INTRODUCTION

Richard sans Peur is in many ways a literary curiosity, one of those rare romances apparently composed in the years intervening between the twilight of medieval literature and the full flowering of the Renascence. The version in alexandrines dating from before 1496 was almost certainly written in order to appeal to popular taste for the supernatural which had already fed on such works as *L'Estoire del Saint Graal, Isaie le triste, Marc l'Exilé* and *Maugis,* and which could be further titillated by a tale of demonic possession. In these circumstances it may seem strange that such a poem, so slight when compared to the great *chansons de geste* and *romans d'aventures,* should have achieved a popularity sufficient to justify first of all its adaptation into prose and then the printing of at least five editions in the course of the sixteenth century, but *Le Romant de Richart* had the advantage of not posing the linguistic problems inevitably faced by a translator confronted with earlier texts. The extent of that linguistic problem is illustrated by the fact that Villon has left ample evidence that he misunderstood the case system of Old French, and even Villon's own work needed to be re-presented in translation by Clément Marot in 1533. We can presume that, although Gilles Corrozet chose what must have been an easy text to translate, he was probably sincere in his complaint about "le langaige corrompu."

No doubt that the adaptation from verse into prose also owed much to *Le Romant de Richard*'s use of many folklore themes which fitted well with the growing advocacy of the use of the vernacular found in Thomas Sébillet's *Art poétique français* and Geoffroy Tory's *Champfleury* (1529), works with which Corrozet, as a member of the *librairie,* must have been familiar, but the importance of *Richard sans Peur* in literary history rests very heavily on its hero. The sources of the surviving texts may have included a lost epic whose hero was Richard de Normandie. As a literary figure Richard had established an unrivalled position, first appearing in vv. 171, 3050 and 3470 of *La Chanson de Roland* as "Richart le Veill, li sire des Normans," a leading baron of Charlemagne's court. Before very many years had passed he was frequently numbered among the Twelve Peers[1] and had become an indispensable figure in the *Chansons de geste* of the *cycle du roi*[2] and of the other cycles:

> Après parla Richars, li dus de Normendie,
> C'est Richart sans poür, ke de Roen fu sire.
>> *Gui de Bourgogne,* vv. 73-4.

> Eis lur li quens de Normendie,
> Celui qui de Ruen fut sire
> Et de Fescamp fist l'abbeïe.
>> *Gormand et Isembard,* vv. 141-3.

> Car pleüst ore a Deu, le roi de maïsté,
> Richarz tenist Jupin a Rouen sa cité,
> S'en feroit le mostier de Sainte Trinité.
>> *Fierabras,* vv. 3169-71.

The unparalleled popularity of Richard suggested to Léon Gautier that "Il est permis d'affirmer qu'à l'époque du *Roland* des chants populaires lyriques étaient depuis longtemps consacrés à notre héros",[3] an opinion which is supported by Joseph Bédier.[4] It is certainly true that mediaeval authors were able to use his name in the sure knowledge that any audience would immediately re-

---

[1] Cf. *Entrée en Espaigne, Fierabras, Galien, Huon de Bordeaux, Jehan de Lanson, Simon de Puille.*

[2] Cf. *Aimeri de Narbonne, Chevalerie Ogier, Couronnement Louis, Destruction de Rome, Doon de Maience, Doon de Nanteuil, Enfances Ogier, Floovent, Gaidon, Galien, Garin le Lorrain, Girart de Vienne, Gormand, Gui de Bourgogne, Hernaut de Beaulande, Maugis, Mort Maugis, Mort Garin, Orson de Beauvais, Prise de Pampelune, Renaut de Montauban,* and *La Chanson des Saisnes.*

[3] *La Chanson de Roland,* ed. Léon Gautier, Tours, 1872, note to v. 171.

[4] J. Bédier, "Richard de Normandie," *Romanic Review,* I, 1910, p. 119.

cognise it and associate it with a well-known and even well loved figure. As these audiences were unlikely to be familiar with the historical Richard who lived in the Tenth Century, this recognition must necessarily have come with familiarity with an epic or romance in which Richard played a major part.

The figure of Richard was based on Richard I, son of Guillaume Longue-Espee and grandson of Rollo. He reigned as Duke of Normandy from 943 to 996, founded the Abbey of the Holy Trinity at Fécamp, Saint-Ouen in Rouen and Saint-Wandrille en Caux, and was credited with the discovery of the Precious Blood preserved at Fécamp. His memory was revered by the monks of the Abbey of Fécamp who displayed relics of their benefactor. It is a singular coincidence that there was a well established *confrérie de jongleurs* dependent on the Abbey of Fécamp from early times until the Sixteenth Century,[5] and it would have been quite extraordinary for them to ignore such a famous epic figure so closely connected with Fécamp. Whether the *confrérie* did produce an epic poem or not is likely to remain a matter for speculation, but episodes concerning Richard are to be found in Wace's *Roman de Rou*[6] and Benoit de Saint-Maure's *Chronique des ducs de Normandie*[7] as well as in other Norman chronicles. It seems probable that, following normal practice, these episodes were derived from literary sources as well as from oral tradition. However, all these episodes seem to be taken from Norman demonology or from pious legends, and, although they may have been the normal stock-in-trade for *jongleurs* dependant on an abbey, they have little in common with the fighting baron of the *chansons de geste*. Indeed, the legends have the appearance of trying to explain why he bore the *sobriquet* Richard sans Peur.

The Fifteenth and Sixteenth Century Editions

Richard sans Peur is extant in two versions, a poem known as *Le Romant de Richart* and a prose romance written by Gilles Corrozet under the title *Richart sans Paour*. Neither version

---

[5] British Museum, Ms. Harley 1801, and *Bibl. de l'École des chartes*, XX, 1859, p. 155-6.
[6] See *Bibliography* and also pages 20-3 below.
[7] See *Bibliography* and also pages 24-5 below.

survives in manuscript form and it seems probable that the first edition of the prose was set directly from author's copy specifically prepared for the printer.

Le Romant de Richart is a poem consisting of 818 alexandrine verses arranged in 205 monorhymed quatrains of which two, vv. 141-3 and 300-3, are lacking the fourth line. Although the missing lines do not affect the sense of the narrative, it seems improbable that the author deliberately broke the regularity of the form of his poem, and so we presume that the original version consisted of 820 lines. The only known copy [8] is bound together with an edition of *La Vie du terrible Robert le Diable* published in Lyons by Pierre Mareschal and Bernabé Chaussart on the 7th May, 1496. This unique edition is made up of twelve small quarto leaves in gatherings of four leaves each numbered A, B and C. The text, printed in black letter, is entitled *Le Romant de Richart, filz de Robert le Diable,* and is decorated with a wood-block engraving which follows the title and depicts a knight saluting a monarch who is peering over the fortified gate of a castle or town. There are no indications as to the author, publisher or even place and date of publication, and it is doubtful whether this edition was also published by Mareschal and Chaussart. The general appearance of this edition would, however, seem to make the date of publication between 1490 and 1530. The extant copy was part of the Chastre de Cangé library which was purchased in 1733 by Louis XV, and *Le Romant de Richart* is now catalogued as Réserve, Y^2 713 (formerly Y^2 233) in the Bibliothèque Nationale in Paris.

Le Romant de Richart sans Paour is a prose romance which can definitely be attributed to Gilles Corrozet [9] who names himself at the end of his work: "Je, Gilles Corrozet, simple translateur de ceste hystoire prie a tous lecteurs qu'ilz veuillent suporter les faultes qui y seront trouvees, car il eut esté impossible de le translater nettement pour le langaige corrumpu dont il estoit

---

[8] J. Morawski's *La Légende de Saint Antoine Ermite*, Poznan, 1939, p. 3, cites a copy of *Le Dit de Richard sans Peur,* but no location or date is given. Morawski may well have been referring to one of the known copies of the verse or prose, but the title quoted differs from those of the known editions.

[9] Cf. pages 14-16.

plain." This apology appears at the end of the text printed by Lotrian and Janot circa 1530 and again in the Simon Calvarin edition of circa 1560. Gilles Corrozet was born in 1510 so it seems unlikely that he would have made his translation much earlier than 1530. He was well known in Paris until his death in 1568 after which date subsequent editions omit his name, presumably because it had been forgotten and was of no further commercial use. His claim to have translated the romance from "le langaige corrumpu dont il estoit plain" is supported by a reference in the prologue to "le petit livre... lequel a esté translaté de vieille rime en prose." The references to "le langaige corrumpu" and "vieille rime" can hardly refer to the nearly contemporary *Romant de Richart,* and in fact Corrozet's prose version includes several episodes which do not appear in the poem[10] and which may been taken from either a common or a different source. He may, however, have been using the mediaeval convention of quoting an old source to lend authority to his narrative.

Richart sans Paour is provided with a prologue and divided into twenty-four chapters each headed by a rubric, with the exception of the Bonfons edition (late Sixteenth Century) which modernises the text and gives a variant reading in chapter 24 before adding a further chapter which shows every sign of being a later addition. The edition published by Bartelémy Ancelin in Lyons in 1601 ignores the new material and once again prints a text which, though modernised, is closer to that first published circa 1530.

The following editions were published between 1530 and 1601:

1. *Le Rommant de Richart sans Paour, duc de Normandie, lequel fut filz de Robert le Dyable et fut par sa prudence roy d'Angleterre, lequel fist plusieurs nobles conquestes et vaillances. Imprimé nouvellement a Paris.* An edition consisting of forty-eight pages "nouvellement imprimé a Paris par Alain Lotrian et Denis Janot, Imprimeurs et libraires, demourans en la rue neufve Nostre Dame a l'enseigne de l'escu de France." There is no indication of the date of publication, but the edition can be dated

---

[10] Cf. Summary of the narrative, pages 25-32, where these episodes are summarised in italic script.

circa 1530. The text is printed in gothic letter, and the title is followed by a wood-cut depicting a knight riding at full tilt past a group of people standing outside a city wall.

2. *L'Histoire de Richard sans Peur, duc de Normandie, qui fut filz de Robert le diable et par sa prudence Roy de Angleterre, lequel fit plusieurs nobles conquestes et vaillances.* This edition of forty pages was "nouvellement imprimee A PARIS chez Simon Calvarin, rue Sainct Jacques, a l'enseigne de la Rose blanche couronnee." There is no indication of the date of publication, but this edition is generally accepted to date from circa 1560. The text is printed in gothic letter, and the first and last pages carry the same wood-cut of two knights jousting.

3. *Histoire du redouté prince Richard sans Peur, Duc de Normandie, lequel fut fils de Robert surnommé le Diable, et par sa proësse et prudence Roy d'Angleterre, ou il est traité de ses faicts valeureux et admirables et des merveilleuses adventures qui lui sont advenues.* An edition of forty pages published "A PARIS. Par Nicolas & Pierre Bonfons, demeurants Rue neuve nostre Dame, enseigne Sainct Nicolas." There is no indication of the date of publication, but the edition dates from the last third of the Sixteenth Century.

4. *L'Histoire de Richard sans Peur, Duc de Normandie, fils de Robert le Diable, qui par sa prudence fut Roy d'Angleterre, lequel fit plusieurs nobles conquestes et vaillances.* This edition was "nouvellement reveu, corrigé, & imprimé a Lyon par Barthelémy Ancelin. 1601." The first page bears Ancelin's mark, and the edition is fifty-five pages long.

Gilles Corrozet

Gilles Corrozet, author of the prose version of *Richard sans Peur*, was born in Paris on the 4th July, 1510. He appears to have had little formal education, but managed to learn to read and write to a very high standard of proficiency. Beginning his career as a guide to foreign visitors to Paris, he soon picked up Latin, Italian and Spanish, and his employment led him to compile a handbook and street-guide for tourists which he called *Fleur des Antiquitez, singularitez et excellences de la plus que noble et triumphante ville et cité de Paris*. First published in 1532, this book was reprinted more than eight times between 1532 and 1555, and it was only replaced by the same author's *Les Antiquitez, histoire et singularitez de Paris*, a work of three times greater length published in 1550. Other works in the same vein were his *Les Antiques erections des Gaules, compendieuse et brieve description des fondations des villes et citez assises aux trois Gaules* (1531) and *La Guide des Chemins de France* (1552), but Corrozet also had pretensions as an occasional poet, publishing *Le Cry de joye des Françoys pour la délivrance du pape Clément septiesme de ce nom* in 1528, and in 1529 adressing an epistle to his friend, Michel d'Amboise, who later published it as a preface to his own *Confusion de l'Esclave fortuné;* this epistle includes a passage which reveals Corrozet as being far from touched with delusions of grandeur:

> Ce que je fais, c'est bien petite chouse
> Pres de cela que tu faiz et compouse,
> Et si mes faitz estoient si dispousez
> A bruit avoir, que les tiens compousez,
> Ce bel laurier qu'aux poetes l'on donne
> Dessus leur teste en façon de couronne
> J'endurerais estre mis sur ma teste,
> Mais pour l'avoir je suis trop rude beste.
> Telle couronne et ornement inclite
> Laisse pour toy qui trop mieulx le merite.

His literary activities were to continue, but he was meanwhile successful in passing the examinations required for entry to the book trade, and in 1536 he opened a stall in the *grand'salle* of the Palais Royal and in association with Jean André printed *Les Epitaphes sur le trépas de messire Robert de la Marche, seigneur de Floranges, mareschal de France* under his own mark of "une main dans un nuage, tenant un cor au milieu duquel s'épanouissait une rose, par allusion à son nom *(cor, rozet)*, avec cette inscription sur une banderolle: *In corde prudentis requiescit sapientia* (Proverborium 14)."

Gilles Corrozet seems to have had a successful career, marrying a daughter of his fellow publisher Galiot du Pré, becoming *officier de la Librairie* in 1555, and passing on a successful business to his son. Judging by the character of some of his publications, he may have had Calvinist sympathies. He died at the age of fifty-eight on the 4th July, 1568 and was buried in the Carmelite cloister in the Place Maubert, where his grave, which could still be seen until the Revolution, bore the following epitaph:

>   L'an mil cinq cens soixante et huit
>   A cinq heures devant minuit
>   Le quatriesme de juillet
>   Deceda Gilles Corrozet
>   Agé de cinquante-huit ans,
>   Qui libraire estoit en son tems.
>   Son corps repose en ce lieu cy:
>   A l'ame Dieu fasse mercy! [11]

The Sources of Richard sans Peur

In the main Gilles Corrozet's *Richart sans Paour* follows the *Romant de Richart* very closely, but varies from it in adding those episodes dealing with Richard de Normandie's martial prowess, his wooing of Clarice and subsequent succession to the English throne, and his trip to the Holy Land which form chapters 12, 13 and 18-23. The relationship of Corrozet's prose and the poem can best be seen by comparing the pasages of direct speech common to both:

1.   Mon cher seigneur, par la Vierge honoree,
     C'est la plus belle fille qui oncques fust formee
     Et si n'a pas troys jours, je croy, qu'elle fust nee.
                                               vv. 86-8

---

[11] Further details of Gilles Corrozet's background and career can be found in the following: A. Bonnardot, *Gilles Corrozet et Germain Brice, étude bibliograpique sur ces deux historiens de Paris*, Paris, (Champion), 1880; P.-L. Jacob, *Collection de documents rares ou inédits relatifs à l'histoire de Paris*, Paris, (Willem), 1874; Lottin, *Catalogue chronologique des libraries et imprimeurs de Paris*, Paris, 1780; Enzo Giudici, *Il neoplatonismo di Labé e due presunte fonti del "Débat": Héroët et Corrozet*, (*Zagadnienia rodzajów literackich*, t. X., z. 2 (19)), pp. 128-59; D. S. Russell, *A survey of French Emblem literature (1536-1600)*, [G. de la Perrière, G. Corrozet, B. Aneau], (*Dissertation Abstracts International*, Vol. XXX, no. 1), July, 1969, 338-A.

Par la Vierge honnoree, Monsieur, c'est la plus belle fille qui oncques a mon advis fut formee ne faicte, et si n'y a pas trois [jours] qu'elle fut nee comme il me semble. (Chapter 2.)

2. Comment, se dist Richart, ne fus tu pas pieça
Seneschal de ma court et mourus ung ang a?
— Ouy, dist l'escuier, seneschaulx ay je esté
De toute vostre court, mais je suis trespassé.
— Tu dis voir, dist Richart, il y a ung an passé.
Je ne sçay quelz vifz diables t'ont ore suxité.
— Sire, dist l'escuier, n'ayés pas esperance
Que suxité soye [je], mais je fais ma penance,
Et tous ceulx que veés tenir en ceste dance
Que Helequin conquist du tout a sa plaisance.
— Comment, se dist Richart, est il bien si hardy
Que sans mon congé chasse en ceste forest cy?
Foy que je doy a Dieu n'en yra pas ainsy,
Ainsi sçavray qu(i) il est et parleray a luy.
— Sire, dist l'escuier, par la foy que vous doy,
Je le vous monstreray par la foy que vous doy.
— Amys, se dist Richart, par fine amour t'en proy.
vv. 111-121

Comment, dist Richart, ne fus tu pas il y a long temps seneschal de ma court et mourus il y a ung an passé? — Ouy, respondit l'escuier, voirement ay je esté seneschal de vostre court, mais je suis trespassé. — Tu dis vray, dist Richart, mais je ne sçay quelz dyables t'ont maintenant ressuscité. — Sire, dit l'escuier, n'ayez pas esperance que je soye ressuscité, car j'accomplys ma penitence, et tous ceulx que en ceste dance vous voyez entretenir que Hellequin conquist et tous ceulx de son lignaige, et moymesmes qui en suis je suis subgect a faire celle penitence. — Comment, dist le noble et vaillant Richard, est il bien si hardy qu'il chasse sans mon congé en ceste forest? Par la foy que je doys a Dieu, ainsi n'en yra il pas, mais ainçois je sçavray qui il est et parleray a luy. — Sire, dist l'escuier, par la foy que je vous doybtz, je le vous monstreray. — Amy, dist Richard, je t'en prie par bonne amour, et tu me feras plaisir. (Chapter 5.)

3. La sentence par temps vous en sera rendue.
Il vous convient tous deux arriere au corps aller.
Ou meilleu de la planche ferés le corps poser
Et puis regarderés quel part vourra aller.
S'il s'en va sur s'amie, le dïable l'avra,

> Mais, s'en son abbaÿe tout droit arriere va,
> Vous le laisserés vivre tant que vivre pourra.
> Or le ferés ainsi, si verrés qu'il fera.
>
> vv. 299-306

Maintenant la sentence vous en sera rendue. Il vous convient aller tous deux remettre l'ame au corps, puis ferez poser le corps au meillieu de la planche et regarderez quelle part il yra. S'il s'en va vers s'amye, le dyable l'avra, mais s'il s'en va en son abbaye, vous le laisserez vivre. Faictes ainsi que je vous ay dit et vous verrez qu'il fera. (Chapter 8.)

4.   Sire, dist il au duc, je suis tout esbahy.
> Comment avés esté si fol ne si hardy
> Qu'osés estes venu en ceste place cy.
> Oncques homme n'y vint qui n'y perdist la vie.
> Aussi le perdrés vous, je le vous certifie.
> — Amis, ce dist Richart, ne te crains une allie.
> Fay du pis que pourras, et si ne te fain mie.
> — Sire, dist Burgifer, ung petit m'entendés.
> Je vous prie et requier: dictes moy se sçavés
> Qui est ce chevalier pour qui vous combatés.
> — Par ma foy, dist Richart, je le congnoys assés:
> Il est moult vaillant homme, hardy, puissant et fors.
> N'a pas troys jours encore qu'ay veü son effors,
> Et croy, selon m'entente, que j'eüsse esté mors,
> Se bien ne m'eust aidé. Certes, c'est ung bon corps.
>
> vv. 668-82

Sire, je suis tous esbahy comment si fol ne si hardy vous avez esté de oser venir en ceste place icy. Oncques homme n'y vint que il n'y perdist la vie, et aussi je vous certifie que vous la perdrez. — Amy, ce dist Richard, je te crains en nulle maniere. Fais du pis que tu pourras et point ne te fainctz. — Sire, dist Burgifer, entendez moy ung peu. Je vous prie et requiers que vous me dictes si vous sçavez point qui est ce chevalier pour qui vous combatez. — Par ma foy, dist Richard, je le congnoys voirement et est moult vaillant homme puissant et fort, et si n'y a pas trois jours que je luy vis faire de grandes proesses en sorte que je croy que je fusse demouré mort au champ se il ne m'eust bien aydé en ma bataille. (Chapter 16.)

These passages and every other passage of direct speech common to poem and prose establish a definite link between the two works.

Le Romant de Richart must presumably predate *Richart sans Paour* for the simple reason that Gilles Corrozet would not have written prose dialogue that could easily be made to scan. The direct speech has been taken from the poem, the verse narrative has been adapted and expanded by the addition of new episodes, leaving no doubt that Corrozet's principal source was *Le Romant de Richart*. Stylistically and linguistically, *Le Romant de Richart* is contemporary with Corrozet's prose; it is strange to find a verse romance written at a time when the popularity of the printed prose romance was at its height. The only poet known to have an interest in this particular subject is Gilles Corrozet, and, although it is impossible to establish his authorship of the poem as well as the prose, it is worthy of note that *Le Rommant de Richart* is bound together with an edition of *Robert le Diable* published in Lyons where some of Gilles Corrozet's other works were published, often anonymously. [12]

The additional material in the prose version is rather pedestrian, chapter 18 especially appearing to have been added to bring the narrative, largely a demonology, into line with the *chansons de geste* and *romans d'aventure* by associating Richard with various well-known epic figures. The series of challenges undertaken by Richard can be paralled elsewhere, notably in Arthurian romances, but there is also one obvious historical parallel in an adventure of Richard de Beauchamp, Earl of Warwick, (1382-1439), who, wishing to emulate the knights in old romances, on one occasion camped alone except for his squire and issued an anonymous challenge to the French knights opposing the English in the Hundred Years' War; Warwick, bearing gold arms, duly faced those knights who accepted his challenge and defeated them in single combat. [13] It is, of course, impossible to know whether Corrozet or his source was familiar with this incident or whether Warwick was merely emulating the episode in a source of *Richart sans Peur*.

Other episodes in the prose version such as Richard's wooing of Clarice and subsequent succession to the throne of England may reflect vague memories of William the Conqueror and of

---

[12] Cf. P. L. Jacob, op. cit.
[13] *The Earl of Warwick's Virelai.*

Richard Cœur-de-lion being Dukes of Normandy and Kings of England, but Richard's journey to Sinai can be traced in some measure to *La Chronique de Normendie* [14] in which Richard meets Hellequin in the forest of Moulineaux-sur-Seine and discovers that the night-riders are going to Outremer to fight some equally ghostly Saracens; Richard then forces Hellequin to take him in a fold of his cloak to the monastery of Sainte-Catherine du Mont Sinai. Of course, Corrozet may simply have had access to a fuller version of *Le Romant de Richart* which contained these episodes.

When we seek the source of *Le Romant de Richart* we are faced with the problem that there is no trace or mention of an earlier version. However, certain elements of the narrative can be found in the Norman chronicles and it is the Richard of *Le Romant de Richart* and not the Richard of the *chansons de geste* who is to be found in Wace's *Roman de Rou:* [15]

> Par nuit errout cumme par jur,
> Unkes de rien nen out poür,
> Maint fantosme vit et trova,
> Unques de rien ne s'esfreia;
> Pur nuk rien que il veïst
> Ne nuit ne jur poür nel prist.
> Pur ceo k'il errout par nuit tant
> Alout la gent de lui disant
> Ke autresi cler par nuit veeit
> Cum uns autres par jur faiseit.
> *Roman de Rou,* 3ᵉ partie, 275-84.

Any doubts about Wace's Richard being also the hero of *Le Romant de Richart* can be removed by an examination of the parallel passages:

> Une nuit vint a un mustier,
> Orer voleit e Deu preier;
> Luinz de sa gent alout pensant,
> Ariere alouent e avant.

---

[14] *La Chronique de Normandie, édition de Rouen,* Rouen, 14th May, 1487, chap. LVII and LIX; Fr. Michel, *Histoire des ducs de Normandie et des rois d'Angleterre,* Paris, (S.H.F.), 1840.

[15] *Le Roman de Rou,* ed. A. J. Holden, Paris, (S.A.T.F., Picard), 1970-71.

Sun cheval aregna defors;
Dedenz trova en biere un cors,
Juste la biere avant passa,
Devant l'autel s'agenuila,
Sur un leitrun ses ganz jeta,
Mais al partir les oblia;
Baisa la terre, si ura,
Unkes de rien ne s'esfreia.
N'i aveit gueires demuré
Ne guaires n'i aveit esté,
Quant el mustier oï ariere
Moveir le cors, cruistre la biere;
Turnai sei pur le cors veeir,
'Gis tei', dist il, 'ne te moveir!
Se tu es bone u male chose,
Gis tei en peis, si te repose!'
Dunc a li quens sa urison dite,
Ne sai se fu grande u petite,
Puis dist quant il seigna sun vis:
'Per hoc signum sancte crucis,
Libera me de malignis,
Domine Deus salutis!'
Al returner d'iluec dist tant:
'Deus, en tes mains m'alme cumant.'
S'espee prist, si s'en turna,
E li deables s'esdreça,
Encuntre l'us fu en estant,
Braz estenduz estut devant,
Cumme s'il vousist Richard prendre
E l'eissue de l'us defendre.
E Richard a le brand sachié,
Le bu li a par mi trenchié;
Travers la biere l'abati,
Ne sai s[e] il fist noise u cri.
Al cheval est Richard venuz,
Del cimeteire est fors eissuz
Quant de ses guaz li remembra,
Nes vout leissier, si returna;
El chancel vint, ses guanz reprist,
Maint hoem i a ja n'i venist.
As eglises fist cumander
E as marchiez dire e crier,
Que mais n'i ait cors sul guerpi
De s[i] que l'en l'eit enfuï.

Roman de Rou, 3ᵉ partie, 289-336.

There is an obvious relationship with vv. 230-59 of *Le Romant de Richart*, but it is improbable that there was a direct borrowing by the author of the later work. A common source would seem to be the most likely explanation of the legend of the haunted chapel appearing in both *Le Roman de Rou* and *Le Romant de Richard*, and no doubt the same is true of the legend of the monk of Saint-Ouen which is also related in vv. 337-510 of the *Rou:*

>En l'abeie Seint Oain
>Out a cel tens un secrestein
>..
>Le secrestain que je vus di,
>Par aquintement d'enemi,
>Alout un jur par le mustier
>Prenant garde de sun mestier;
>Une dame vit, si l'ama,
>A merveiles la coveita,
>Mort est se il sun bon n'en fait,
>Ne remaindra pur rien qu'il ait.
>Tant li dist e tant li pramist
>Ke la dame terme li mist
>Que la nuit a [l']ostel alast
>E par la planche trespassast
>Que desus Roobec esteit,
>Une eve ki desuz cureit;
>N'i poeit par aillurs passer
>Ne altrement a li parler.
>La nuit quant bien fu aseri,
>Que moine furent endormi,
>Li secrestain fu en friçon,
>N'en ot ne ne quist cumpainun.
>A la planche vint, sus munta,
>Ne sai dire se il abuissa
>Ou escrilla u meschauça,
>Mais il chaï, si [se] neia.
>Un deable l'alme seisi
>Si tost cum el(e) del cors issi,
>En enfer l'en voleit ravir,
>Mais uns angles li volt tolir;
>Chascun volt traire l'alme a sei
>E chascun dit reisum pur quei.
>..
>Sempres sunt a Richard venu,
>En une chambre u sun lit fu;
>Dormi aveit, mais dunc veillout,

De plusors choses purpensout.
La parole li unt cuntee
Si cum ele iert entr'eus alee,
Del moine ki par tel folie
Esteit eissuz de sa abeïe;
En la veie esteit de pechié
Mais n'i aveit uncor(e) tuchié,
De la planche esteit trebuchié
E en l'eve desuz neié;
Jugement face e die veir
Qui deit l'alme del moine aveir.
E Richard lur ad dit briefment,
'Alez," dist il, 'delivrement,
Metez al moine l'ame el cors
E de l'ewe le metez fors;
Ne seit deceü ne surpris,
Desur la planche reseit mis
Iluec tut dreit dunt il chaï
Quant il trebucha e peri.
E si il vait plein pié avant,
U pié u pas, u tant u quant,
Aut li diables, si la prenge
Senz cuntredit e senz chalenge;
E se li moines se retrait
E turne ariere, sa pais ait.'
Le jugement que Richard fist
Ne cil ne cist ne cuntredist,
L'alme unt ariere el cors portee
E li moynes l'ad recovree;
Dunc leva sus a revesqui
E mis fu la dunt il chaï.
Des que li moines s[e] aparçut
E sur la planche en pais s'estut,
Ariere mist plus tost sun pié
Ke hoem ki a serpent marchié;
Delivrement fu al retur
Cum huem ki de mort a poür,
Et cil kil tindrent l'unt lessié;
Unkes ne prist de eus congié.
En l'abeïe s'en fuï,
Ses dras escust e se tapi,
E uncor(e) la murir cremeit
E en dute iert si il vivreit.

Roman de Rou, 3ᵉ partie, 347-8, 355-84, 437-82.

Wace occasionally expresses doubts about many of the legends that he relates, but it does seem that those concerning Richard had some currency, for they are to be found once again in Benoît de Sainte-Maure's *Chronique des Ducs de Normandie* (vv. 21,161-28,134):

> De nuiz aloct senz rien doter
> Tot autresi cum par jor cler.
> S'ert cil don tote genz saveient
> Cui plus fantosmes aveneient,
> Plus merveilles, plus deiablies,
> Dum plusors sunt assez oïes.
> *Chron. des ducs,* 27,183-8.

Benoît also relates an adventure of Richart closely related to that given in vv. 230-59 of *Le Romant de Richart* and chapter 7 of *Richart sans Paour,* but he too describes the assault by the corpse as occurring before Richart returns to recover his gloves.[16] In any event the outcome of the adventure is the same:

> Li dus, ce retrait li latins,
> Por solement cest' aventure
> Fist establir tot a dreiture
> Que li cors fussent mais gaitié
> Si qu'il ne seient sol laissié.
> *Chron. des ducs,* 27,452-6.

Among other anecdotes about Richart we also find Benoît's account of the enchanted apple tree from which Richart picks the marvellous apples.[17]

> Un pommier moct expés ramu
> Et moct chargié e moct foillu
> Choisi e vit enmi l'erbei,
> Dum moct grant merveille oct en sei,
> Quer ja erent li fruit alé,
> Pieç'a coilli e trespassé.
> ....
> Por ce qu'eisieu trova li dus
> L'apela chascuns de sa part
> Pommier e pommes de Richart.
> *Chron. des ducs,* 27,525-30, 27,590-92.

---

[16] *Chronique des ducs de Normandie,* (ed. Fahlin), Upsala, 1951-54, vv. 27,161-466.

[17] *Chron. des ducs,* op. cit., vv. 27,469-592; *Le Romant de Richart,* vv. 176-229; *Richart sans Paour,* chapter 6.

Finally there recurs the story of Richart being asked to arbitrate the quarrel of the angel and devil over the soul of a monk: [18]

> Oies! Venuz sui ci a tei
> E c'est deiable ensemble od mei,
> Qui un moine de buene vie
> De Saint Oien, de l'abeïe,
> Aveit deceü e tenté
> Tant que enuit s'en ert enblé:
> Par ses enjans faus deceüz,
> S'en ert de l'abeïe eissuz.
> A une fenne aloct gesir
> Qu'il li aveit fait encovir.
> *Chron. des ducs*, 27,895-904.

It may have been that the chroniclers wrote down legends that were circulated orally, and that the author of *Le Romant de Richart* used the chronicles as a source, but it is as well to remember that the chroniclers tended to accept the events in *chansons de geste* and *romans d'aventure* and often incorporated them in the chronicles as true happenings; such a process is not outside the bounds of possibility in the case of Richard sans Peur who may well have had an earlier *chanson* or *roman* devoted to his adventures.

A Summary of the narrative

Those episodes which only appear in the prose version are printed in italic script

The author introduces his story to his audience *(readers)* and, commending them to God, *apologizes for the faults in his work which are due to the difficulties of translating an old text,* (vv. 1-12; prologue).

Richard of Normandy, son of Robert le Diable, was so fearless that he rode out by day and by night to seek adventure, thus earning the name Richard sans Peur. One of the devils of Hell, a spirit named Brundemor, boasts that he can terrify Richard and sets out with ten thousand owls to frighten him. Richard is riding

---

[18] *Chron. des ducs*, op. cit., vv. 27,632-28,134; *Le Romant de Richart*, vv. 323-54; *Richart sans Paour*, chapter 9.

through the night with his dog sitting in front of him when suddenly all the owls begin to hoot. Far from being frightened, he mimics their cries, whereupon they swoop down and tear his dog to pieces, although they dare not harm Richard himself, (vv. 13-55; chapter 1).

Brundemor, realising that his strategem has failed, seeks out a suitable tree, changes himself into a baby and begins to cry. Richard, hearing the cries, climbs the tree, rescues the child and takes it to the house of one of his foresters. The forester's wife pronounces it the prettiest child she has ever seen, a girl only three days old. Richard entrusts the child to her care and rides forth once again to seek adventure, (vv. 56-92; chapter 2).

Coming upon a hunting party in his forest, Richard *challenges three knights clad in black and puts them to flight. Taking up the chase, he* finds a *further* group of people *clad in black* who are dancing. He recalls the story of Helequin and the night-riders, (vv. 93-104; chapter 3).

Helequin was a brave knight who spent his fortune fighting for Charles Martel against the Saracens, but, after he returned to Normandy, he became a robber baron. When he died, God remembered his efforts to defeat the Saracens and only condemned him to wander through the night to pay for his sins, (chapter 4). Richard sees a squire whom he recognises as his former seneschal who died the previous year. The ghostly squire takes him to Helequin who is taken to task by Richard for hunting in the forest without permission; Helequin replies that they have God's permission to do as they please in the night. Helequin, who is seated on a silken rug, refuses to tell Richard how long he will live, but assures him that no devil will ever do him any harm. When Richard decides to leave, he is presented with the priceless silk rug which he believes to have been brought from Hell. He resolves to defend it against any devil who tries to recover it, (vv. 105-175; chapter 5).

Losing his way in the forest, he finds an apple tree growing beside a spring and is surprised to discover that the apples have not been plucked by the charcoal-burners who pass through the forest. He plucks three apples and blazes a tree to mark the spot, but since that moment nobody else has ever been able to find the tree. Richard reaches Rouen after midnight and sleeps until morning. He then puts the apples in a box and goes to hear Mass. At the Offertory he presents the silken rug as an altar-cover. After Mass, he returns to his castle to eat, sends for the apples and announces that any man who finds the tree will be assured of his livelihood for the rest of his life. Many ride out to seek it, but no-one is successful. Richard splits the apples and plants the pips. The apples grow into fine trees and the apples from them are known as "pommes de Richard," (vv. 176-229; chapter 6).

One night Richard says a prayer in a chapel. When he leaves he forgets his gloves, and, when he returns to seek them, the corpse of an excommunicated man leaps from its coffin and grapples with him. Richard strikes the corpse so hard that the devil within it is compelled to let him go, wheruponhe cuts the corpse to pieces with his sword. In those days it was not the custom to keep a vigil over a dead body; Richard proclaims that henceforth the friends of a dead man must keep a vigil over the body for one night, thus establishing this practice in Normandy, (vv. 230-259; chapter 7).

Richard spends the night in the Abbey of Fécamp. As he lies in his bed a devil and a angel appear to ask his advice as to how to resolve their struggle over the soul of a monk. The monk was drowned as he said his office on his way to visit his mistress. Richard tells them to put the monk's soul back in the corpse and then watch to see what the monk will do and where he goes. Once he is restored to life, the monk sees the devil and is so terrified that he runs back to the Abbey of Saint-Ouen where he becomes noted for his saintly life, (vv. 260-322; chapter 8).

The barons of Normandy decide that it is high time Richard should marry and produce an heir. Richard accepts their advice and announces that he will marry the girl he found in the forest. The girl is only seven, but as mature as most children are at fourteen. The wedding is celebrated in Rouen *and a tournament held,* (vv. 323-354; chapter 9).

After seven years of marriage Richard's devil-wife feigns an illness and, pretending to be near death, asks him to keep vigil over her body in the chapel in the forest where she was brought up. Richard agrees, his wife feigns death, and the corpse is solemnly placed in the chapel. Richard and one knight keep vigil, but fall asleep, whereupon the corpse breaks open the coffin and awakens Richard with a cry. Richard draws his sword and is berated by the corpse for showing fear, a charge denied by Richard. He then asks his wife whether she is really dead or not, and he is assured that she was merely in a coma. His devil-wife asks him to go to a spring to fetch her some water. While he is away his wife strangles the knight whose cries bring Richard running back only to find the chapel all in darkness. Feeling his way to the coffin he finds it empty. He places the knight's body in the coffin and swears to avenge himself on the evil spirit, (vv. 355-482; chapter 10).

At daybreak the people and clergy of Rouen come to the chapel. Richard explains the situation and is comforted by the Archbishop. Once the knight has been buried, Richard releases his vassals from their fealty and enters the Abbey of Fécamp accompanied only by three knights, (vv. 483-514; chapter 11).

Charlemagne returns to France from Rome where he has restored Pope Leon to the Holy See. He proclaims a celebration and tournament to which come all his barons including Richard. The tournament is watched by the ladies including Berthe au grant pied and Clarice, daughter of King Astolpho of England. Richard and Roland joust together but the outcome is indecisive. Richard distinguishes himself by his feats of arms and shares the prize with Roland. At the banquet following the tournament Richard and Clarice fall in love, but Richard waits eight days before declaring himself. Clarice informs him that she will be returning to England with a suite of ten knights led by Lamoureulx de Galles. Richard promises to win her by right of conquest, (chapter 12).

Richard leaves Paris two days before Clarice's departure and waits in a castle ten leagues beyond Rouen on the road to the Channel ports. He arms himself and keeps watch until he sees Clarice's party approaching, whereupon he rides out to challenge them. After his assault only two knights are unscathed and these put themselves at his mercy. Richard orders them to take their wounded companions back to England. Clarice is overjoyed with the outcome and Richard takes her to Rouen where the Archbishop marries the happy couple. The wedding is celebrated by feasting and a tournament is held, (chapter 13).

INTRODUCTION 29

The two English knights convoy their companions back to England where they inform the King of his daughter's abduction. The King *waits for Lamoureulx de Galles to recover from his wounds and then* sets sail for Normandy *to demand the return of his daughter.* Richard raises an army and gives battle to the English. Richard, who is riding ahead of his army, encounters a knight clad in black who offers to help him in return for a promise that Richard will help him should the need arise. The knight, who reveals that he is called Brundemor, performs such feats of arms that the English are put to flight and take to their ships. Brundemor confirms Richard's willingness to aid him if need be before he departs. Richard returns to Rouen, (vv. 515-587; chapter 14).

Three days later Richard decides to go hunting. When his huntsmen appear he notices that the hounds look the worse for wear. The huntsmen explain that an immense white boar is responsible for the injuries to the hounds, wherupon Richard resolves to kill it. *In fact the white boar is the pet of two fairies, but it has escaped from them. The fairies have ordained that the boar can only be killed by a Duke of Normandy descended from Saracen and Christian parents, and only Guillaume Longue-Espee can fulfil this condition.* Richard puts off the hunt until the morrow. During the night he is awakened by Brundemor who has come to seek his help, but fears that he will be afraid to undertake the challenge offered him. Richard agrees to accompany Brundemor to find out whether he is lying or not, (vv. 588-626; chapter 15).

Brundemor leads Richard before Satan to present him as his champion in a quarrel over the seneschausee of Hell from which Brundemor has been falsely dispossessed by another devil named Burgifer. Richard takes the field against Burgifer, but, despite all his efforts, cannot succeed in doing him any harm. Burgifer is amazed at Richard's affrontery in coming to Hell and asks if Richard is really aware of Brundemor's identity. Richard replies that Brundemor is a valiant knight to whom he is endebted for the help he gave in defeating the English. Burgifer reveals that Brundemor is a devil and, faced with Richard's disbelief, reveals his knowledge of Richard's past life and of his marriage to none other than Brundemor, and taunts him with having experienced fear on various occasions. Richard realises that Burgifer is telling the truth, but, keeping to his bond to help Brundemor, he resumes the combat, (vv. 627-746; chapter 16).

The two adversaries fight on, but Richard cannot harm Burgifer until he remembers the relics encased in the pommel of his sword. Reversing the sword, he strikes with the pommel and forces him to yield and repossess Brundemor of his office. Richard then asks that he be returned to Normandy and Brundemor leads him back to the outskirts of Rouen, (vv. 747-800; chapter 17).

The Patriarch of Jerusalem sends a message to Charlemagne to tell him that the Saracens have captured Jerusalem and occupied the Holy Land. Charlemagne summons his barons. Richard responds to the summons by sending two hundred knights to Paris under the command of the counts of Mortaigne, Alençon and Caen. He himself travels separately bearing gold arms and lodges in an hermitage in the Bois de Vincennes. There he dresses his squire all in white and sends him to Charlemagne's court to issue a challenge to the barons of the court that they should come and meet the Gold Knight in single combat. One after the other Olivier, Ogier, Roland, Salomon, Guy de Bourgogne, Thiery d'Ardaine, Regnault de Montauban, Guerin de Lorraine, Geoffray de Bourdelays, Noël de Nantes, Lambert de Brucelles, Basin, Godefroy de Frise, Sanson de Picardie, Lamoureulx de Galles, Riol du Mans and Naymes accept the challenge and are worsted. Finally Charlemagne himself rides to take up the challenge. Richard allows Charlemagne to break his lance on his shield then, throwing aside his own lance, kneels before the king to reveal his identity. Charlemagne is amazed and overjoyed to discover that the mystery knight is none other than the Duke of Normandy, and he conducts him to Paris where they are received with great joy. A week later Charlemagne leads his crusade to the Holy Land where Richard helps him to recover Jerusalem as is recorded in FIERABRAS *and other old stories,* (chapter 18).

On his return Richard receives news that Astolpho, his wife's father had died, and he decides to claim the crown of England. A fleet of twenty vessels is assembled and Richard sets sail, but soon a storm scatters the ships and Richard's ship loses sight of the others. In the storm Richard sees a small boat in which sits a lady lamenting her fate. She claims to be the daughter of the King of Spain shipwrecked on her way to Scotland to marry the king of that country. She is taken aboard Richard's ship and comforted. The ship finally makes a landfall near Genoa and Richard rests because he is tired by his exertions. While he is sleeping a thunder storm sinks his ship and all perish except Richard who clambers onto a floating table. The lady was in fact Burgifer in disguise and intent on avenging himself on Richard. Richard finally reaches an island where he lands, (chapter 19).

While Richard is sleeping on the island Burgifer returns with a group of evil spirits who carry Richard through the air to the monastery of St. Katherine on Mount Sinay where they leave him in the hope that he will be killed by a giant, (chapter 20).

The devils have dumped Richard so unceremoniously that he awakens. He is amazed to discover that he is no longer on the island where he fell asleep. He notices a lamp burning before a statue of St. Katherine and kneels to pray. During his prayer he hears a voice from Heaven which commands him to take the sword from beside St. Katherine's altar and to kill the giant who is harrassing the Christian pilgrims who pass through the port of Jaffa. When day breaks Richard recounts the heavenly message to the monks and succeeds in unchaining the sword which no other man has ever done. He journeys to Jaffa where he finds a sixteen foot tall giant swinging a great club. Richard calls on him to stop persecuting the Christians and to be baptised, but the giant replies by asking Richard to abjure his religion. Richard kills the giant and throws the body into the sea, (chapter 21).

At dawn on the following day Burgifer, newly struck with admiration, appears to Richard in the disguise of a squire and offers to serve him. Richard asks him to stop putting him to the test and to transport him back to England. Burgifer takes him on his back and flies through the air so quickly that by one o'clock Richard is being put down in a seaport near London, (chapter 22).

Hardly has Richard arrived than he sees his fleet that was scattered in the storm sailing into port. Richard travels to London where he is crowned King of England and his coronation is celebrated by feasting and by a tournament. After he has travelled throughout England to receive the hommage of his new subjects, he returns to Normandy (chapter 23).

Richard now leads an exemplary life, despite the temptations to which he is still subjected by various devils. He serves God by founding abbeys, giving alms to the poor and doing other good works until his death, (vv. 801-818: chapter 24).

[*When Richard returns from England he continues to spend his nights riding through the forest overcoming devils dedicated to making him afraid. His success in this arouses the interest of a sorcerer named Zirfee who decides that he will test his boldness. Zirfee summons devils to build a magnificent palace into which he puts a painting of Circé the enchantress; anyone who gazes upon it is turned into a wild beast. He also builds a marble tomb before which he places a statue holding a scroll forbidding anyone to approach the tomb. One night Richard is attacked by a knight who strikes him with a fiery sword which sets fire to his shield. Richard recognises Burgifer, strikes him with the pommel of his sword, puts him to flight and pursues him to the palace. Burgifer changes into a giant, then into a griffon, a serpent and several other forms to no avail before disappearing and leaving Richard in the castle. Richard wanders through the castle and finds the picture of Circé, but it has no effect on him, or at least no effect is mentioned. Finally, he finds the tomb and reads the scroll. Ignoring the warning, he puts the devils guarding the tomb to flight, raises the cover of the tomb only to find a hideous monster within breathing fire and flame; as soon as Richard touches it with the pommel of his sword it disappears. Richard now decides to leave but is disconcerted to find that the doors and windows have all disappeared and that the only light comes from the eyes of a monster with a flaming sword. Richard recognises the monster as Burgifer and commands him in God's name to show him where the door is. Under constraint Burgifer does so and then reveals the details of the sorcerer's plan. Once Richard has left, the palace begins to spin and then to burn to ashes. Richard returns home to his wife and tells her of his adventures. From that moment on he lives peacefully, a good son of the Church, founding abbeys and overcoming the temptations of devils. He dies after an exemplary life and one can presume that he is in paradise,* (chapter 25).]

Language

The author of the prose *Richart sans paour* was Parisian born and bred, and, although it is certain that he travelled, he spent most of the fifty-eight years of his life in his native city. His language is that of the upper-middle class of the second quarter of the sixteenth century, occasionally slightly pretentious or slightly learned as is to be expected from one who had been a tourist guide and ended his days as a successful author and publisher, but there is no reason why we should not accept that Gilles Corrozet wrote the Parisian French of his day.

When we consider the language of *Le Romant de Richart* it is obvious that, although the extant copy is bound together with an edition of *Robert le Diable* printed in Lyon, there is no trace of the dialect of Lyon or Lyonnais. Indeed, the language of *Le Romant de Richart*, like that of the prose version, seems to be that of the early sixteenth century as written in Paris. The occasional dialectal peculiarity in orthography, phonology, morphology and syntax invariably suggests a northern provenance, e.g. amongst others:

1. Reduction of the group *vr:* sçaroit, 148; aront, 171.
2. Northern froms of possessive adjectives: vo cueur, 350; vo chair, 414; vo sens, 690.
3. OSU(M) > *ou:* joyoulx, 585.
4. Initial *e* + labial consonant > *u:* fumelle, 84.
5. Initial *C* + *a* > [k]: cappler, 747.

However, where a northern form is found in *Le Romant de Richart*, it will almost invariably be a form current in Paris from the fifteenth century until well into the late sixteenth century. The same is true of such orthographical usages as *c* = *s*, s = *c*, and *ss* = *ç*, and it must be presumed that *Le Romant de Richart* in its extant form was written in Paris and dates from the closing years of the fifteenth century or the first half of the sixteenth. This does not exclude the existance of an earlier version written in a dialect from Upper Normandy, but there is no conclusive evidence for such a version in the extant text.

Establishing the Text

The two texts reproduced in this edition are those of the unique text of the poem and of the Lotrian and Janot edition of the prose version. Wherever possible we have refrained from emending the text, only correcting it in the case of obvious printer's errors or, in the case of the poem, when the metre appeared to be faulty. We have, however, allowed ourselves the liberty of adding the alternative ending to the prose given only in the Bonfons edition, and this will be found printed as chapter 25 at the end of the prose version.

The critical apparatus is comprised of notes to the texts, glossaries and tables of proper names and place names. We have numbered the lines of the poem and the chapters of the prose consecutively. Modern punctuation and accentuation has been introduced into the text, the acute accent being used to indicate [e] where it might otherwise be mistaken for the corresponding atonic vowel, and the diaeresis to indicate vowels in hiatus. Finally, wherever consonant *i* and *u* appear in the extant texts they have been replaced by the letters *j* and *v*.

LE ROMANT DE RICHART

*S'ensuyt le Romant de Richard, filz de Robert le Diable, qui
fut duc de Normendie*

    Bonnes gens qui avez ouÿ de maint histoire,
    S[i] a moy escouter voulés mettre memoire,
    Je vous en diray une qui est et belle et voire.
    N'ouïstes mes plus belle passé a long tempoire.

5   Il n'est gueres cy homme, de ce ne doubtés mye,
    Qui n'a(ye) de bout en bout toute l'istoire ouÿe
    De Robert le Diable qui fut de Normendie,
    Mais de Richart son filz vous vueil compter la vie.

    C'est de Richart Sans Paour dont je vous vueil parler,
10 Qui au temps qu'i regnoit fut si preux bachellier.
    Tant fist de hardiesses qu'on ne pourroit nombrer
    Si hardy qu'il estoit en terre ne en mer.

    Et pource que plusieurs n'ont pas les fais ouÿs
    De Richart Sans Päour comment il fut hardis,
15 Les diray ains que soye d'icy endroit partis.
    Tous ceulx qui m'entendront deffende Dieu d'envis!

7/8. *Robert le Diable* — Robert, sixth Duke of Normandy and father of William the Conqueror, is generally accepted as the historical original of this literary figure. He was certainly not the father of Richard sans Peur who, as a literary figure, seems to combine attributes of Duke Richard I, William the Conqueror and even Richard Cœur-de-lion.

13. This line appears to imply that the folklore tales that make up the greater part of *Le Romant de Richart* were not very well known.

Certainement sçavoir devés petis et grans
Que Richart San Päour estoit duc des Normans
Et fut bien longuement sans femme et sans enfans,
20 Mais contre tous estoit hardy et combatans.

Et pour la hardiesse que en son corps estoit
Et de nuyt et de jour trestout seul chevauchoit
Pour querir adventure, sçavoir s'il trouveroit
Homme qui luy d[e]ist riens qui luy desplairait.

25 Mais onc le duc Richart n'erra ne chevaucha
Que doubte ne päour eüst ne ça ne la,
Jusqu'a tant q'ung dïable en enfer se vanta
Qu'i luy feroit päour si com vous orrés ja.

Brundamor se dïable se faisoit appeller
30 Qui devant tous les autres se vantoit en enfer
Car il feroit Richart si fort espouvanter
Que tout vif de son sens le feroit forcener.

Brundemor, ce diable, qui ainsi se vanta,
Au grant maistre d'enfer le congé demanda
35 D'aller tempter Richart, et il le luy donna.
La ou il sçeut Richart erramment s'en alla.

En la nuict que le diable le duc tempter alla
Bien dix mille huas avecques luy mena ;
Et Richart celle nuict en ung boys s'en entra
40 [Mais] qu'onques homme nul vif ne mort ne trouva.

Richart, qui s'en estoit dedans le boys entré,
Avoit ung petit chien avecques luy mené,
Mais le chienet la nuit fut du boys si lassé
Si que Richart son chien a devant luy troussé.

45 Ainsi com[me] Richart chevauchoyt par le boys,
Les huas vers Richart vindrent sans nul deloys
Et tous ensemble allerent huer a une foys.
Quant Richart les ouÿt ne fut pas en effroys.

Ains print avecques eulx a huer et crier,
50 Dont les huas s'allerent atainer et courser
Que son chien luy allerent par morceaulx despecer,
Mais a Richart n'oserent poy ne grant atouscher,

Car Dieu ne voulloit pas qu'ilz luy feïssent mal
Comment que Richart fust hardis et fort vassal;
55 Si estoit il preudhomme et saigë et loyal.
Or oyés que luy fist l'ennemy convenal!

Quant veit que de Richart ne feroit son plaisir
Et son chien luy eut fait despecer et mourir,
Affin que il le peust enginer et trahir
60 Le plus grant arbre et hault alla au boys choisir.

L'ennemy qui adonc voult Richart couchïer
S'alla entre deux branches dessus l'arbre couchier;
En guise d'ung enfant petit s'alla changer
Et puis apres print fort a braire et a crier.

65 Ainsi comme Richart cuida passer avant
Et son cheval marchoit par dessoubz l'arbre grant,
Richart ouït la voix de l'ennemy puant
Qui dessus l'arbre estoit en guise d'ung enfant.

Mais si tost com la voix d'ung enfant entendy
70 Tost et incontinent du cheval descendy,
Ses esperons osta que plus n'y attendy,
Puis monta dessus l'arbre ou la voix eut ouÿ.

Quant tout en hault sur l'arbre fut Richart le baron,
Ou plus treshault de l'arbre apperceut l'enfançon.
75 Adoncques l'ala prendre sans plus d'arrestison
Et l'enveloppa bien ou pan de son giron.

Richart de branche en branche de l'arbre devalla.
Sur son cheval arriere luy et l'enfant monta,
Puis sus son forestier en la forest alla.
80 A bien garder l'enfant tantost leur commanda.

La femme au forestier a l'enfant regardé,
Puis l'a de ses drappealx tantost desveloppé,
Et le vaillant Richart luy a lors demandé
Se c'est masle ou fumelle l'enfant qu'il a trouvé.

85 Celle qui de respondre fust tantost apprestee
Luy dist: "Mon cher seigneur, par la Vierge honoree,
C'est la plus belle fille qui oncques fust formee,
Et si n'a pos troys jours, je croy, qu'elle fust nee.

— Or la me gardés bien, dist le duc, je vous pry.
90 — Voullentiers, mon seigneur," la dame respondy.
Atant le duc Richart de la se depparty.
La femme au forestier la fille bien nourry.

Le duc Richart print tant par le boys a errer
Que levrïers et braques vit devant luy passer,
95 Et grant mecte de chiens et courir et troter,
Puis ouÿ veneürs et huer et crier.

Et quant le duc ouÿ dedans son boys la chasse,
Oncques n'en eut päour ne ne mua sa face,
Ains jura celuy Dieu qui le monde compasse
100 Qu'i sçaura que ce est qui sans son congé chasse.

Ainsi comme Richart fort a chevaucher print,
Une carolle vit de gens qui s'entretint.
Adonc de la mesgnee Hanequin luy souvint,
Mais en nulle maniere päoureux n'en devint.

105 Son cheval encontre eulx print souvent a brocher
Quant au devant de luy vint ung sçien escuier,
Mais mort estoit passé avoyt ung an entier.
Quant Richart l'apperceut, moult s'alla merveiller,

Mais n'en eut point päour. Avant luy demanda
110 Dont venoyt ne qu'il quiert ne qui l'amena la.
"Comment, se dist Richart, ne fus tu pas pieça
Seneschal de ma court et mourus ung an a?

          — Ouy, dist l'escuier, seneschaulx ay je esté
          De toute vostre court, mais je suis trespassé.
115   — Tu dis voir, dist Richart, il y a ung an passé.
          Je ne sçay quelz vifz diables t'ont ore suxité.

          — Sire, dist l'escuier, n'ayés pas esperance
          Que suxité soye [je], mais ja fais ma penance,
          Et tous ceulx que veés tenir en ceste dance
120   Que Helequin conquist du tout a sa plaisance.

          — Comment, se dist Richart, est il bien si hardy
          Que sans mon congé chasse en ceste forest cy?
          Foy que je doy a Dieu n'en yra pas ainsy,
          Ainsi sçavray qu(i) il est et parleray a luy.

125   Sire, dist l'escuier, par la foy que vous doy,
          je le vous monstreray par la foy que vous doy,
          — Amys, se dit Richart, par fine amour t'en proy."
          L'escuier [y] mena Richart avecques soy

          Soubz unë [aub]espine vont Helequin trouver.
130   Des que Richart le vit luy alla demander
          Qui sans congé l'a faict en la forest entrer.
          "Amis, dist Helequin, tu le m'arras compter.

          Dieu qui est nostre maistre nous a donné congé
          D'aller toute la nuict puis le soleil couché.
135   Tant avons cheminé, estans esmerveillés,
          (Et) que trestous nous en sommes honny et traveillez.

          Et si debvez sçavoir, de ce ne vous desp[l]aise,
          Que nous ne sommes pas du tout bien a nostre aise,
          Si souffrons nous chascun tant d'angoisse et de peine
140   Que pas ne le pourroit on dire en la sepmaine."

          Adoncques Helequin descendy sans demeure,
          Et le seneschal sache ung drap de soye en l'heure;

125/6. The dittography seems to be either a copying slip or a printer's error due to which a hemistitch has been lost.

A terre l'estandit. Helequin s'assist seure.
....

Et Richart luy demande comment avoir povoyent
145 Tel figure trouvee laquellë ilz portoyent,
Et ceulx luy respondirent que, quant errer devoyent,
Par le vouloir de Dieu maintes choses trouvoyent.

Encore luy demanda Richart si luy sçaroit
Dire en nulle maniere combien vivre devoyt.
150 Helequin respondit que neant ne sçavoit,
Mais moult de peine encore endurer luy fauldroit.

Puis dist il a Richart qu'il ne se doubtast ja,
Car, combien que grant peine endurer luy fauldra,
Voit tout hardiëment ou le cueur luy dira
155 Ennemis ne esperis ja mal ne luy fera.

Quant Richart l'entendy si en eut moult grant joye.
De la (se) voulut partir que plus ne se deloye,
Mais, ains qu'il se bougast pour s'en aller sa voye,
Helequin luy donna son riche drap de soye,

160 Qui fut faicte et ouvrés par icelle maniere
Qu'i n'estoit en ce temps homme ne femme en vie
Que en nulle maniere deviser se vit mie
Comment l'œuvre du drap fut faicte ne bastie.

Richart sur son cheval alla le drap trousser,
165 Parmy la grant forest print fort a cheminer.
Quant ung pou fut avant print fort a pourpenser
Que ce drap qu'il avoit fut apporté d'enfer.

A soy me[ï]smes dist quant se fut pourpensé,
En son cueur dist: "Je croy que ceulx qui m'ont donné
170 Par amour [de] ce drap l'a d'enfer apporté,
Mais se diables m'encontrent tost le m'aront rosté.

Non pourtant, il n'a diable en enfer le puant,
Ennemy ne mausfé tant soit fort ne puissant

Que s'il me faisoit chose qui me fust desplaisant
175 Que je ne luy donnasse de m'espee [le] trenchant.

Richart de chevaucher celle nuit tant se peine
Qu'il s'eguara la nuit en la forest haultaine,
Mais la lune luisoit qui estoit clere et plaine.
Par devant luy choisy de lez une fontaine

180 Un pommier. Lors c'est il celle part adressés.
De grosses pommes rouges le vit formant chargés.
Adoncques en son cueur c'est forment merveillés
Comment les charbonniers l'avoient ainsi laissés.

"Par foy, dist duc Richart, je suis tous esbahis
185 Que les charbonniers qui passent cy jour et nuys
N'ont le fruit de cest arbre des grant piece cueillis.
Je les en tiens pour folz, par Jesus qui me fiz."

Lors print le duc trois pommes et les mist en son sain,
Puis pour marquer la place coupa de l'arbre ung rain,
190 Affin que on y saiche revenir lendemain,
Mais tout le nain qu'il fist ne vault ung brin d'estrain,

Car, depuis qu'il s'alla du pommier departir,
Homme n'y peut puis oncques ne aller ne venir
Qui le pommier trouvast tant bien le sçeust querir.
195 Richart vint a Rouen apres minuyt dormir.

(Le) lendemain jusqu'a prime reposa et dormy.
Les trois pommes first mettre en ung moult riche estuy.
Apres prime la messe a Nostre Dame ouÿ;
Quant a l'offrande alla son drap de soye offry.

200 Du drap qui fut moult riche fut reparé l'autel.
Quant la messe fut dicte, disner vint au chastel,
Les pommes fist attaindre, car le fruit estoit tel
Qu'oncques nulz homs vivant n'avoit veü si bel.

Et quant il tint les pommes a haulte voix escrie
205 Que s'il a homme nul de toute sa mesgnye

Que puisse le pommier trouver jusqu'a complye,
Son pain cuit luy donra a trestoute sa vie.

Lors le plus de sa gent de trouver se vanta
Tantost le beau pommier que il leur devisa.
210 Duc Richart les enseignes certaines leur bailla
Comment au departir bonne breche y laissa.

Plusieurs des gens Richart par le bois se penerent
De querir le pommier, mais point ne le trouverent,
N'oncques pommes n'y virent se ilz ne luy porterent.
215 Las et matz s'en revindrent ainsi qu'ilz y allerent.

Et quant le duc Richart vit sa gent retourner
Que ne pommier n'eiseignes n'y eut peü trouver,
Il a fait ces trois pommes toutes escarteler
Et en fist les pepins en ses vergiers planter.

220 De chascun pepin vint ung beau pommier gaillart.
Le duc moult grandement commenda qu'on les gard.
On n'avoit jamais ouÿ parler nulle part
Qu'en nulle contree feüst pomme de Richart,

Mais pource que Richart, le duc de franc renon,
225 Fist planter les pepins, si que dict le vous on,
Aux pommiers que en vindrent alla mettre son nom:
Encore les pommiers de Richard les nomme on.

Le duc eut des pommiers grant joye et grant deduit
Quant il vit qu'ilz portoient en esté si beau fruit.
230 Or oyés, doulce gent, mais qu'il ne vous ennuit:
Richart parmy sa terre chevauchoit une nuyt.

Ainsi qu'il chevaucha qu'il fut tart anuyté
Droit a une chappelle c'est la nuyt adressé
Ou avoit le corps mort d'ung excommunïé.
235 De son cheval descent, si c'est dedans fiché.

Devant l'autel s'alla tantost egenoullier
Et alla Jesu Crist devottement prier,

Mais si tost com il voult yssir hors du monstier
Devant l'autel alla ces deux gans oublier.

240 Et quant il s'apperceut que ses gans oublia,
Pour les retourner querre en la chappelle alla,
Mais l'excommuniïé qui fut en biere la
Sailly hors vistement et Richart embrassa,

Car l'ennemy d'enfer c'estoit mis en son corps,
245 Qui Richart aherdy quant il voult yssir hors.
Quant Richard Sans Päour qui fut hardy et fors
Alla sacher s'espee, tout le detrancha lors.

Bonnes gens, en ce temps que vous m'oés noncer
La gent riens ne sçavoient de leurs amis veiller;
250 Au moustier le portoient puis s'aloient mucer.
Et, pour icelle cause que m'oés prononcer,

Richart parmy sa terre fist crier sans eslongne
Qu'i n'y ait gentil homme ne bourgois ne chanoine,
S'il advient que la mort ung de leurs amys preingne,
255 Qu[e] ilz ne laissent pas tant ayent grant essoine,

Que vueiller ne les facent une nuyt anuytee.
Lors veilla on les corps par toute Normandie.
Ainsi, pour celle cause que vous avez ouÿe,
Fut la veille des corps par tous lieux establie.

260 Richart mainte adventure en son vivant trouva.
Plusieurs vous en ay dictes, mais vous [en] orrés ja
De trop plus merveilleuses, se vous entendez sa,
Et comment l'enfant Dieu gard qui l'escoutera.

Richart dedans Fescamp une nuit se gisoit
265 En la noble abbaÿe qu'i fist fonder a droit.
Ainsi qu'en son lit fut que point ne se dormoit
Ung ange et ung dïable vinrent a luy tout droit.

Cest ange et ce dïable avoient estrivé
Pour l'ame avoir du moine qui la nuyt fut noyé.

270 Sur le duc sont soubzmis et sur sa voulenté;
　　Quant furent en sa chambre le fait luy ont compté.

　　L'ange devant le diable parla premierement
　　Et luy dist: "Sire duc, rendez nous jugement!
　　Ennuyt devant minuyt, il n'y a pas grammant,
275 S'alla lever ung moine dont l'ame est cy present.

　　Et quant il fut levé de s'abbaÿe yssi.
　　Sur une femme alloit a qui i fut amy,
　　Et, ainsi qu'il alloit au lieu dont je vous dy,
　　De dessus une planche en une eaue cheÿ.

280 Mais avant qu'il cheüst de dessus la planchette
　　Il disoit le service de voulenté parfaicte
　　De la Vierge Marie, mere Dieu pure et nette,
　　Et cest ennemy cy m'en semont et abjecte.

　　Je vous en ay compté du tout en tout le voir.
285 S'en veult avoir son ame, mais il n'y a povoir,
　　Mais par droit il me semble qu'il n'y doit riens avoir.
　　Oye en est il sur vous. Dictes vostre vouloir."

　　Quant Richart la raison eut bien de l'ange ouÿe,
　　L'ennemy dist en hault: "Ainsi n'ira il mie!
290 Le moine dont ceste ame c'est ennuit departie
　　Se noya tout ainsi qu'il alloit sus s'amye,

　　Et depuis qu'il est mort en alla[nt] a peché
　　Et de femmë estoit sourprins et engigné,
　　Je dy que l'ame est moye dont suis joyeulx et lié,
295 Si l'en emporteray quant vous avrés jugé."

　　En ce point l'ennemy pour l'ame avoir argue,
　　Mais, quant Richard eut bien sa raison entendue,
　　A l'ange et au dïable a dit sans attendue:
　　"La sentence par temps vous en sera rendue.

300 Il vous convient tous deux arriere au corps aller.
　　Ou meilleu de la planche ferés le corps poser

Et puis regarderés quel part vourra aller.
....

S'il s'en va sur s'amie, le dïable l'avra,
Mais, s'en son abbaÿe tout droit arriere va,
305 Vous le laisserés vivre tant que vivre pourra.
Or le ferés ainsi, si verrés qu'il fera."

Quant l'ange et l'ennemy ce jugement ouÿrent,
De Richart le Normant, a tout l'ame, partirent.
En l'eaue de Robec le corps du moyne prinrent
310 Si com le duc l'eut dit, l'ame dedans remirent.

Dessus la planche arriere le mirent entre eulx deux.
Si qu'il a veü le diable noir et hideux,
S'en retourna arriere tremblant et päoureux
Dedans son abbaÿe dont party fut tout seulx.

315 Ce beau miracle cy si advint a Rouen
D'ung moyne qui estoit yssu de Sainct Öan.
De l'abbaÿe fut puis secretains par maint an,
Puis pour l'amour de Dieu endura maint ahan,

Car il n'eut plus preudhomme en la religion
320 Si n'eut plus de pecher vouloir n'intencion,
Et par le jugement Richart dont nous parlon
Fut saulvé celluy moyne qui devint moult preudhom.

A Richart le Normant advint maintes merveilles,
Mais en ceulx que j'ay dictes je n'y compe deux feuilles;
325 Vers celles que vueil dire elles sont nompareilles
Qu'on puis dire de bouche ne escouter d'oreilles.

Vous le m'orrées compter, s'il ne vous desagree,
Quant le duc Richart eut le dïable espousee
Qu'en forme d'une fille eut la façon muee
330 Quant Richart la trouva sur ung arbre encrouee.

Celle fille amenda et creut plus en sept ans
Que ne font en quatorze maintenant les enfans,

Et au temps dont je parle tous les barons normans
Firent ung consistoire les petis et les grans,

335 Et allerent ensembles trestous conseil avoir
D'aller dire a Richart qu'i luy presist voulloir
D'espouser une dame dont puïst avoir hoir.
A ung jour en parlerent au duc sans remanoir:

"Sire, d'accord nous sommes tous de vous requerir
340 Que vueillés pour espouse une femme querir
Dont puissiés avoir hoir, qu'i soit au Dieu plaisir,
Qui apres vo mort puisse Normandië tenir.

— Seigneurs, ce dist le duc, quant vous le me loés,
Je m'accord voullentiers tout a vo voulentés,
345 Mais j'ay une pucelle bien a sept ans passés
Que j'ay faicte nourrir dedans une forestz.

S'il vous venoit a gré, voullentiers la prendroye,
Car plus belle trouver a mon gré ne pourroye.
— Sire, font les barons, Dieu vous en envoit joye!
350 Plaise vous l'espouser quant vo cueur si octroye."

Richart fist devant luy celle fille admener
Qu'en la forestz avoit faicte sept ans garder,
Puis a faict l'archevesque de Rouen lors mander
Qui au diable l'ala par son gré espouser.

355 Sept ans furent eulx deux ensemble en mariaige,
Se furent quatorze ans que la fille eut de aage.
Ung jour fist le mallade se Sathanas sauvaige
Et fist mander Richart pour dire son couraige.

"Sire, dist le dïable, vous estes mon mary,
360 Et je suis vostre femme, mais trop mallade suy.
Je croy que je mourray et pour ce vous supply
Que m'octroyés ung don par la vostre mercy.

— Demandés, dist le duc, et vous n'y fauldrés mye.
— Sire, je vous supplie, s'i fault que je devie,

365 Que en une chappelle a lieuë et demye
Me veillés une nuict tout seul sans compaignie.

Celle chappelle sçiet en la forest ramee
Ou j'ay esté sept ans nourrie et gouvernee.
Octroyés moy ce don quant seray trespassee :
370 Veillés mon corps la nuict ains que soye enterree.

— Dame, ce dist Richart, bien m'y vueil octroyer
Que, se vous trespassés, de vous la nuict veiller
Et qu'avec moy n'avra sans plus q'ung chevallier
Qui me compaignera pour moy mains avoyer."

375 Richart luy dist comment, lors c'est d'illec sevré.
Sa femme fist la morte ains que jour fust passé.
Richart le sçeut, lors fist que le corps fust porté
Ou boys en la chappelle noblement ordonné.

Quant la [duchesse] fut en la chappelle mise,
380 Archevesques, evesques et gens de saincte eglise
Vindrent commander l'ame ainsi qu'il est de guise.
De torches et de cierges fut la chappelle esprise.

Mais se le duc sçeust bien [le] fait et la maniere
Du diable qui en guise de femme estoit en biere,
385 Avent l'eust faict getter par dedans la riviere
Que ja prestre ne clerc eut pour luy faict priere.

Et quant le clergé eut l'ame recommandee,
A Rouen sont la gent venue et retournee,
Et Richart demoura pour veiller s'espousee,
390 O luy ung chevalier, n'est plus personne nee.

---

374. *avoyer* — although there is no doubt of the reading given in the original edition, it is possible that we are faced with a printer's error for *anoyer*, a reading supported by the parallel passage in the prose version.
379. chapelle.

Luy et le chevalier la nuict veillerent la
En regretant la femme que si jeune espousa,
Mais avant qu'il soit jour Richart appercevra
Plus que il n'avoit faict puis qu'i se maria,

395 Car il s'appercevra, ains que doye adjourner,
Qu'il avoit espousee ung vif diable d'enfer,
Ainsi com vous orrés, s'il vous plaist recorder,
Richart print fort la nuict sa femme a regreter.

Il ne cuidast jamais qu'avenus fust ainsi,
400 Mais ains la minuit de sommeil s'endormy.
Le corps dedans la biere si tresfort s'entendy
Que coffre et couvertouer desfroisa et rompy.

Et a celle propre heure getta si fort estroys
Que crosler et tentir en convint tout le boys,
405 Mais onc le duc Richart n'en eut päour n'effroys
Fors que tant que s'espee sacha le duc courtoys.

Toute nue la mist les luy courtoysement.
Le corps qui gisoit la s'escria haultement:
"Et comment, duc Richart, ouvrés vous tellement?
410 On parle en tous paÿs de vostre hardement,

Et va on recordant qu'onques en vostre vie
Vous n'eüstes päour n'a prime n'a complie
De personne vivant tant eüt chair hardie,
Et je suis femme morte, s'en est vo chair fremie.

415 De moy avés päour! Je le voy bien et sçay.
— Par ma foy, dist Richart, vous y mentés. Non ay!
Car oncques pour personne ma coulleur ne muay.
Dictes vostre vouloir et je l'escouteray."

Le corps qui jut en biere dist: "Je vous dy, Richart.
420 On dit en mainte terre, si faict on mainte part
Qu'onques päour n'eüstes de lyon ne lyepart,
Ne d'homme mort ne vif. Or vous voy je couart!

Quant pour ung corps de femme qui du siecle est finee,
Couvert en une biere et fort enveloppee,
425 Certes, c'est covardise d'en avoir trait s'espee!
Or en est la mensonge maintenant esprouvee,

Si que ce que a dit de vous ou temps passé,
Qu'estiés le plus hardy qui fust de mere né,
Mais desormais serés le plus covart clamé."
430 Lors s'aïra Richart, s'a par despit parlé

Au corps, et luy a dit: "Corps, tu es en folle erre!
Voir oncques n'euz päour en tournoy ne en guerre.
— Richart, se dist le corps, dis tu que je me serre?
Pourquoy sachas tu donc l'espeë hors du feurre

435 For pour doubte päour? — Ja n'en soyés marry,
Richart dist par despit. Le vray Dieu seignory
Vous envoit malle grace! N'estes vous pas huÿ
Mortë en celle biere quant on vous mist icy?

Nanil, se dist le corps, ains entoye pasmee
440 Par une soif que j'eu trop grant une vespree,
Dequoy je ne fus pas bien appoint abuvree.
A peu que ne suis morte, mais je suis respassee.

Sire, s(e) oncques m'aimastes de bonne amour certaine,
Je vous pry que la hors voisés en une plaine.
445 La trouvoïis a dextre en la forest haultaine;
Ung bel arbre y verrés ou a une fontaine.

En icelle fontaine vous fauldra a baisser.
Les bergiers y laisserent ung hanap avant hier
Dont vous pourrés de l'eaue a vostre gré puiser.
450 Mieulx ne me pourrïés ma santé avancer

---

445. *trouvoïis* — although this reading may well be printer's error, we have kept it in case it represents a dialectal form.

Que de m'en apporter." Lors Richart y alla,
Mais ce fut fol ydee. L'ennemy se leva
Qui son chevalier print et tout mort l'estrangla,
Mais si hault au mourir le chevalier cria,

455 Que Richart l'ouÿt bien, qui de l'eaue puisoyt
Ou sa femme a ceste heure querre envoyé l'avoit.
Quant ouyt le chevallier qui ainsi fort crioyt,
Bien s'apensa Richart que couchïés estoit,

Mais päour n'en eut oncques en nesune maniere.
460 Avant tost retourna a la chappelle arriere,
Mais il n'y trouva oncques feu ordant ne lumiere;
Ains pour trouver sa femme s'en vint droit a la biere,

Mais il trouva la biere qui tout fust vuïd[i]e,
Car ce estoit le diable qui s'en estoit fouye.
465 A son chevallier vint que de rien ne destrie;
Si le trouva tout mort, s'en fist chere marrie.

A la biere s'en vint, si l'a dedans couché.
"Comment, dist il, faulx diable, m'as tu si engigné
Qu'en tant mon chevallier as mort et despecé
470 Que pour toy querre a boire m'as la hors envoyé,

Et puis apres t'en es de ceste biere yssue?
Mais je prometz a Dieu qui fist courre la nue,
Se jamais je t'encontre en chemin ne en rue,
Je te pourfenderay de m'espee esmoulue

475 Qu'oncques mes en ma vie depuis que je nasqui
Ne peuz a nul fierir estre conchïé d'ennemy,
Mais je voy bien que suis conchïé de cestuy.
Malortë [en] soit l'eure qu'oncques je la nourry!

Pour son chevallier fist Richart moult grant doulour.
480 En la biere le mist et veilla jusqu'au jour,
Mais en nulle maniere n'y eut oncques päour
Combien que le dïable l'eüst mis en errour.

Jusques au lendemain veilla que jour fut grant,
Et, quant ce vint a l'heure d'entour prime sonnant,
485 Arcevesques, evesques et le clergé sachant
Vinrent en la chapelle le service chantant.

Richart alla encontre qui bien sçavoit la game
Du diable qui luy avoit fait honte et diffame.
"Ne chantés, dist Richart, Seigneurs, plus pour ma femme.
490 Les grans diables d'enfer en puissent porter l'ame!

— Si, font il. — Je sçay bien que ce estoit ung diable
Que j'avoye espousé, le tresplus decepuable
Dont oncques feust parlé en chanson ne en fable."
Lors Richart leur compta le fait tout veritable.

495 Quant l'arcevesque ouÿt de Richart la raison,
Reconforter alla le franc duc de renom:
"Sire, n'ayés frayour, doubte ne souspeçon!
Les ennemis d'enfer ont povoir, se savon,

De tempter nuyt et jour toute crestienté.
500 Sire, ne soyez ja pour ce desconforté.
— Non suis je, dist Richart, mais trop suis tourmenté
Que ce diable a sept ans ou plus o moy esté.

Mais puis que j'ay esté tellement deceü
Q'ung tel ennemy a avecques moy geü,
505 Sept [ans] ou plus, je croy, en mon lit nu a nu,
Jamais ne quier a femme estre mary ne dru."

Son chevalier tantost fist Richart enterrer,
Puis apres s'en alla a Fescamp demourer
En la belle abbaÿe qu'il avoit fait fonder.
510 A toute sa mesgnie alla congé donner.

Lors a trois seullement qu'avecques luy retint;
Son gueulx, son chamberlan et son despensier print.
En (sa) paisible et devotte maniere se maintint,
Ainsi comme reclus longue piece se tint.

515 Quant le roy d'Angleterre, qui pour le temps estoit,
Sçeut que le duc Richard a Fescamp demouroit
Et que par Normendie plus chevaucher n'aloit,
Tant s'alla vanter que la terre conquerroit.

Celuy roy et sa gent partirent d'Engleterre,
520 En Normandie entrerent pour le paÿs conquerre.
Normans virent Angloys arriver en leur terre,
A Fescamp s'en allerent clamer au duc grant erre.

Ou qu'elz voient le duc hault l'ont arraisonné:
"Comment, Sire, font ilz, estes vous rassotté
525 Qui ainsi q'ung reclus vous tenés enserré,
Et Anglois sont par force en Normendie entré?

Se vous ne vous hastez, vostre terre est perdue.
Avant qu'il soit huit jours la vous avront tollue."
Quant Richart les entant, de Fescamp se remue.
530 Crier a fait moult tost de premiere venue

Que chascun fust en armes tantost appareillez,
Et ilz le firent tous sans point estre targés.
Au comment Richart vindrent armés et (en) aubergés;
Encontre Angloys allerent bien armés et rangez.

535 Richart devant sa gent print fort a chevaucher
Par icelle maniere qu'i les va eslongner
Bien largement trois fois le trait a ung archier.
Lors au devant de luy vint ung noir chevalier.

Le chevalier trouva Richart en ung grant val;
540 Le duc le regarda et amont et aval,
Plus noir le vit que meure et luy et son cheval;
(Et) avoit les dens plus blanches que neige ne cristal.

515/20. It is open to doubt whether these lines suggested the interpolated episodes of chapters 12-14 in the prose version or whether there is a *lacuna* in the extant version of the poem.

523. *elz* appears to be a western neuter form of the pronoun. Cf. Pope, # 1326, xiv.

Il salua Richard et luy dist: "Sire ducs,
Je suis ung soubdoier qui a vous suis venus.
545 Pour vous guerroieray se m'avés retenus,
Et si n'en vueil du vostre qui vaille deux festus.

Voz ennemis trestous me verrés essiller
Pourtant que me vueillés sans plus convenancer
Que, se jamais me sourt ne guerre n'encombrier,
550 Qu'aussy bien m'ayderés se j'ay de vous mestier."

Richard luy accorda voulentiers sans tansson,
Puis luy a demandé: "Comment avez a nom?"
Le noir chevallier dist a moult haulte raison:
"J'ay a nom Brundemor, point ne vous celleron.

555 Quant nous serons en guerre se ne vous doubtés mie
Que nulz homs vous assaille qu[e] a m'espee n'octie."
Or avra ja Richart le diable en son aÿe,
Celuy qui fut sa femme qu'i l'eut sept ans nourrie.

Quant le duc Richart vit ce chevalier armé
560 Que par tout fut plus noir qu'errement destrampé,
Einne pensast que fust le vif diable mauffé
Qui sept ans tous entiers avoit sa femme esté.

Richart luy commanda tout son ost a conduire
Et si de l'emmener tost s'avance et atire.
565 Encontre les Anglois se fery par tel yre
Qu'entre tierce et midy les alla desconfire.

A ce jour s'en tournerent tous les Angloys en fuye.
Quant Brundemort vot ce haultement leur estrie:
"Si n'y [a] nul de vous qui soit garny d'amye,
570 Qui aime par amours, viengne a moy si guerrie."

Mais nul ne retourna tant fust fors ne hardis,
Ains laisserent leurs tentes par dessus les larris,
Et prindrent a fouir parmy les pres floris.
Brundemor vint au duc si l'a a raison mis:

575　"Sire, dist Brundemor, ai ge fait vostre gré.
　　Me suis je en vostre guerre bien loyaulment prouvé?
　　— Ouÿ, se dist Richart, preux estes et sené!
　　Huy m'avez fait l'honneur, courtoisie et bonté,

　　Et, s'il advenoit chose com vous voulsist grever,
580　En toutes les batailles ou me voirriés mander,
　　Pour vous m'iray combatre tant com pourray durer
　　Pourtant que me vueillés venir querre ou mander.

　　— Sire, dist Brundemor, je m'en attens a vous."
　　Lors se sont departy Richart et ses gens tous
585　Qui retournent en l'ost de cueur [liez et] joyoulx
　　De ce que mis avoient Angloys si au dessoubz.

　　Chascun en son païs arriere retourna,
　　Mais ains qu'i fust trois jours le duc Richart manda
　　Trestous ses venoürs et dit qu'aller vouldra
590　Chasser ens es forestz, car grant desir en a.

　　Tous ses veneurs si vindrent au sien commandement,
　　Ses chiens luy amenerent dont il eut largement,
　　Mais le duc vit ces chiens navrez villainement.
　　Aux venoürs demande qui ont fait ne comment.

595　Ses venoürs luy dirent: "Certes, Sire trescher,
　　Es bois de Riquebourc a ung grant porc sanglier
　　Qui est bien aussi blanc que signe de vivier,
　　Mais il ne vient a luy chien courant ne levrier

　　Se attaindre les peut que il ne les mehaigne."
600　Quant Richart ouit ces motz si en eut grant engaigne,
　　Lors dist s'il peut trouver qui le porc luy enseigne
　　Qu'i le chassera tant qu'en (la) forest ne le prengne.

588/603. This unresolved episode looks a little odd. Further details are given in the prose version, chapter 15, but again with no outcome. There is a distinct possibility of a *lacuna* in the source material at this point.

Jusques au lendemain fut la chasse en respit;
Adonc s'alla coucher. Quant vint entour minuyt
605 Le vif diable d'enfer s'en vint devant son lit,
Qui eut sa femme esté com devant vous ay dit.

Atournée fut en guise d'ung noble chevalier.
A Richart alla dire: "Laissés le sommeiller
Pour venir avec moy. Vous fault appareiller,
610 Se vous ne voulez estre couart et mensonger.

— Couart, se dist Richart, et pourquoy le seroie?
Se ne sera des mors pour chose que je voye.
Mais je serois mauvais, s(e) au besoing vous failloye,
Car au besoing m'aidas, Dieu mercy et la toye."

615 Richart s'alla lever et s'arma sans demour,
Et dit qu'il ne craignoit bataille ne estour.
Le chevalier respond: "Sire, avant qu'il soit jour
Vous menray en tel lieu ou vous avrés päour.

— Beaulx amis, dist Richart, or ne dis pas ainsi,
620 Car oncques n'euz päour depuis que je nasqui.
— Par mon chef, Sire duc, ce respond l'ennemy,
Si avrés vous päour ains le jour esclarcy,

Se d'avec moy venir faictes vostre devoir.
— Ouÿ, voir, dist Richart, je vueil aller sçavoir
625 Se tu me mentiras ou tu me diras voir
Que homme paour me face tant soit de grant povoir."

Richart et le dïable ensemble s'en allerent
Dedans une forestz assés tost s'en entrerent
Ou chevalliers armés bien douze [cent] trouverent
630 Qui pour commencer guerre noblement s'atournerent.

Richart au chevallier alla dire: "Dictes moy
Qui sont ses gens armés qu'enmy ces champs je voy.
— Sire, ce dist le diable, ains qu'il so[i]t jour, je croy,
Avrés par eulx, je croy, päour et grant esfroy."

635 Ainsi com ilz alloyent ensemble devisant,
Ung varlet parmy l'ost s'en va venir criant:
"Brundemor, ou es tu? Que vas tu tant tardant
Que tost ne nous amaines ton chevallier errant

Qui pour toy aujourd'huy doyt la bataille faire?
640 Burgifer est venu qui est ton adversaire,
A qui tu veulx a tort faire avoy et contraire.
Se bon champion n'es fort, souffrir te fera haire."

Quant Brundemor l'entent, tost s'alla presenter
Entre luy et Richart devant le roy d'enfer,
645 Et luy dist: "Sire roy, je suis prest de monstrer
Que Burgifer me veult a tort desheriter

De ma seneschaussee que vous m'avés donnee,
Et j'ay ung chevallier de France la contree,
Qui n'eut oncques päour de creature nee.
650 Pour moy se combatra en bataille ordonnee.

— Or allés, dist le roy, se vous en delivrés.
— Sire, dist Brundemor, si com vous commandés."
Richart fit de ses armes garny et apprestés,
Qui contre Burgifer est en plain champ entrés.

655 Richart parmy l'estour hault et bas regarda,
Assés vit de dïables, mais point ne s'esfroya,
Mais jamais de la place eschapper ne pourra;
Ains contre ung des plus fors combatre le fauldra.

Burgifer print sa lance, si vint contre Richart,
660 Et Richart contre luy, qui ne fut pas couart.
Si grans coups [s'entredonnent] que le feu parmy part;
Enmy les champs en vollent les tronssons d'aultre part.

642. *Se bon champion n'es fort* — this hemistitch may give a corrupt reading, as *Se ton champion n'est fort* would seem to be more logical in this context. However, cf. chapter 16 of the prose version: *Si tu n'es bon champion et fort.*
661. seul donnent.

Sans abatre l'ung l'autre grans coups s'entredonnerent.
Leurs deux lances ont rompues, [si] leurs espees sacherent;
665 Sur leurs heaulmes d'ascier (si) longuement chappelerent
Que de grans coups ferir leurs bras forment lasserent.

Quant Burgifer les coups du duc Richart senty:
"Sire, dist il au duc, je suis tout esbahy.
Comment avés esté si fol ne si hardy
670 Qu'osés estes venu en ceste place cy?

Oncques homme n'y vint qui n'y perdist la vie.
Aussi le perdrés vous, je le vous certifie.
— Amis, ce dist Richart, ne te crains une allie.
Fay du pis que pourras, et si ne te fain mie.

675 — Sire, dist Burgifer, ung petit m'entendés.
Je vous prie et requier: dictes moy se sçavés
Qui est ce chevallier pour qui vous combatés.
— Par ma foy, dist Richart, je le congnoys assés:

Il est moult vaillant homme, hardy, puissant et fors.
680 N'a pas troys jours encore qu'ay veü son effors,
Et croy, selon m'entente, que j'eüsse esté mors,
Se bien ne m'eust aidé. Certes, c'est ung bon corps.

— Le duc, dist Burgifer, com as folle pensee!
Saichés c'est ung dïable pour qui tu fais merlee,
685 Et tous ceulx que tu vois contreval celle pree."
Mais pour chose qu'il die coulleur n'en a muee.

Puis dist a Burgifer: "Bien croy que tu te mens.
— Non fay, se dist le diable, car il a moult long temps
Qu'en enfer se vanta de vous faire tourmens
690 Si grant qu'il vous feroit yssir hors de vo sens.

670. *Qu'osés estes venu* — the reading is quite clear, and, although there is the possibility of a printer's error which has changed *venir* into *venu*, we are inclined to accept *osés* as an adjective.

Et pour cause qu[e] estes hardy sur toute gent
Et que de riens päour n'aviés mesmement
Se vanta Brundemor devant moy proprement
Qu'il vous feroit avoir paour au cueur briefvement,

695 Et ainsi l'a il fait maintenent, bien le voy.
— Non avoit, dist Richart, car oncques päour n'oy.
— Non? ce dist Burgifer, or vous tenés ung poy
Et vous sçavrés s'eüstes oncques päour n'effroy.

Ne vous souvient il pas quant une nuit allastes
700 Parmy une forestz ou trestant chevaulchastes
Q'ung tropel de huas dessus vous regardastes,
Et quant a huer prindrent, avecques eulx huastes?

C'estoyent trestous diables que par sa faulceté
Pour vous getter du sens eut Brundemor mené.
705 Quant il vous demanda qui c'est qui eut hué,
Vous ne deïstes mot, tout fustes effrayé.

Avec eulx commencastes de päour a huer.
Adonc eustes päour, ne le povés celer.
Pas n'estes si hardy que je vous os vanter!
710 D'aultres päours encore vous feray remembrer.

Päour, ce sçay je bien, eüstes grant et fiere
Quant trouvastes ung homme qui estoyt mort en biere,
Qui vous vint a deux bras embrasser par derriere.
La endroit euses, Sire, päour de grant maniere.

715 Et s'eüstes päour, ne le povez nier,
La nuict que vous veillastes vostre femme au monstier,
Quant a une fontaine vous alla envoyer,
Et estranglé trouvastes le vostre chevallier.

La femme que aviés, Sire duc, espousee,
720 C'estoit ce grant dïable pour qui en celle pree
Contre moy combatés en bataille ordonnee."
Quant le duc ouyt ses motz, si dist en sa pensee:

"Par ma foy, (ce) dist Richart, ce diable cy dit voir!
Les fortunes qu'ay eues sçait bien ramentevoir."
725 Puis demanda au diable: "Comment povés sçavoir
Ce que fait ens ou ciecle? En avés le povoir?

— Ouÿ, dist Burgifer, nous sçavons par congé
Quanque font toute gent qui vivent en peché,
Mais, si tost qu'i s'en sont au prebstre nettoyé,
730 Nous n'en sçavons plus riens, tout avons oublié.

— Burgifer, dist Richart, je te pry or me dy,
Ce Brundemor pour qui je me combas a ty,
Es se le faulx diable a qui je me suis mary,
Qu'en guise d'une femme j'espousay et plevvy?

735 — Ouÿ, dist Burgifer, c'est bien verité pure.
C'est celle que baillastes sept ans a nourriture.
— Par mon chef, dist Richart, mis m'as en adventure,
Mais encor luy vint il d'assés franche nature

L'autre jour quant me vint aider ens en ma guerre
740 Qu'Englois vindrent sur moy pour me tollir ma terre,
Car le jour alla tant pourchasser et conquerre
Que sur moy conquester Angloys ung bon desserre.

Et, pour la courtoisie qu'i me fist celuy jour,
Pour luy vouldray finer encontre toy l'estour.
745 Or te garde de moy, car je sçay ung tel tour
Dont souffrir te feray assez peine et doullour."

Richart print a cappler moult fort sur l'ennemy
Du riche branc d'acier qui fut cler et brunny.
De rudes coups et aspres sur sa teste fery,
750 Mais ne luy peust mesfaire. Lors luy dist a hault cry:

"Comment, ce dist Richart, faulx diables Burgifer,
Tu es plus dur assés que n'est assier ne fer.
Je croy qu'as faict tes armes forger dedans enfer;
Pour puissance que j'aye, ne les puis entamer.

755 Assés j'ay feru sus et deça et dela
C'onques ma bonne espee nullement n'y entra.
Je ne sçay quel dïable tes armes te donna,
Mais pendu soit le maistre qui telles les forga."

Burgifer sur Richart frappoit a vive force,
760 Mais, combien que ferist sur le bon duc a force,
Ne luy peut il forfaire vallisant une escorce,
Car Dieu ne voulloyt pas qu'i luy feïst efforce.

Entre eulx deux fut l'estour fort et desmesuré,
Mais jamais a nul feu le franc duc naturé
765 N'eüst conquis par force l[i] ennemy mortel
S'advisé ne se feust de ferir du pommel.

Mais il print a ferir du pommel de l'espee
En quoy mainte relicque fut mise et enchassee.
Au diable qui avoit la teste fort armee
770 En donna tant de coups en une randonnee

Qu'i luy fist lors ses armes desrompre et desertir.
Quant ce vit Burgifer mercy luy va (re)querir
Et dist: "Ne me vueillés, Sire duc, plus ferir,
Car jamais jour par homme ne pourroye guerir,

775 Mais je me rens a vous, car raison si octr(o)ye."
Et quant Richart l'entant a haulte voix s'escrie:
"Rens donc a Brundemor tost sa seneschaussie
Que faulcement luy as par ta force ravie.

— Sire, dist Burgifer, et je m'en dessaisy,
780 Et voyant a voz yeulx la luy rens des issi."
Lors furent a accord d'enfer le ennemy
Pour Richart le Normant dont vous avez ouÿ.

Le noble duc Richart, qui fut de franche orine,
Va hucher Brundemor et si vers luy s'encline;
785 De sa seneschaussee le remet en saisine
Que Burgifer luy eut tollue par envie.

"Brundemor, dist Richart, il m'en convient aller
Puis que j'ay la bataille fait du tout achever.
A Rouen m'en yray sans plus [ci] demourer,
790 Mais monstre moy la voye par ou doy retourner.

— Sire, dist Brundemor, tout a vostre commant,
Car mieulx y suis tenu que vous n'allés pensant,
Car jadis me feïstes nourrir petit enfant,
Et si fu vostre femme sept ans en ung tenant.

795 — Tant suis je, dist Richart, au cueur plus courroucés
Quant ung diable si m'a tellement engignés.
Or ne me tempte plus, par amour t'en requier,
Et t'en retourne arriere; assés m'as convoyés."

Brundemor, ce dïable, arriere retourna,
800 Et Richart le franc duc a Rouen s'en alla.
Ou temps qu'i vesqui puis saincte vïe mena;
Bien confortoit les povres et saincte esglise aima.

Les ennemis d'enfer le tempterent maint jour,
Et si eschappa d'eulx sans peine et sans doulour;
805 Jesu Crist, nostre pere, le garda de tristour.
Moult fut preux et hardy, oncques il n'eut päour.

L'abbaÿe et (le) moustier de Fescamp il fonda
Et Sainct Wandrille aussi. Saincte vïe mena.
Avecques Charlemagne oultre les mons passa
810 Et fist de grans proesses en tant comme il dura.

Il fut preux et hardy. Dieu servy bonnement:
Abbaÿes et moustiers fist fonder largement.
Les povres membres Dieu revestoit bien souven;
A boire et a menger leur donnoit bien souvent.

---

809. Cf. chapter 18 and its reference to *Fierabras*. The audience or reader was presumably familiar with another work in which Richard sans Peur figured.

815 Tant vesqui en ce siecle qu'il est mort et finis.
Or prions tous et toutes au roy de paradis
Et a la doulce vierge qui est de moult hault pris
818 Que tous puissons avoir des sainctz cieulx les delis.

Amen.

FINIS.

LIST OF PROPER NAMES AND PLACE NAMES

Angleterre, 515, England.
Anglois, 526, *Angloys,* 521, the English.
Brindemort, 568, *Brundemor,* 29, a devil, wife and adversary of Richart Sans Paour.
Burgifer, 640, a devil, enemy of Brundemor.
Dieu, 53, God.
Engleterre, 519, England.
Englois, 740, the English.
Fescamps, 264, the Abbey of Fécamp (Seine-Maritime).
Hanequin, 103, *Helequin,* 129, leader of the night-riders, wandering souls known as *la maisnie Helequin.* Possibly Charles Quint.
Jesu Crist, 237, *Jesus,* 187.
Marie (la Vierge), 282, Mary, the mother of Jesus.

Normandie, 257, *Normendie,* 7, Normandy.
Richard, 227, *Richard le Normant,* 323, *Richard Sans Paour,* 246, *Richart,* 8, *Richart le Normant,* 308, *Richart Sans Paour,* 9, Richard the Fearless, Duke of Normandy, later King of England.
Riquebourc, 596.
Robec (l'eaue), 309.
Robert le Diable, 7, Robert the Devil, Duke of Normandy.
Rouen, 195, Rouen (Seine-Maritime), capital of Normandy.
Sainct Oan, 316, Saint-Ouen, an abbey church in Rouen.
Sainct Wandrille, 808, A Benedictine abbey situated near the mouth of the Seine.
Sathanas, 357, a devil; Satan.

GILLES CORROZET

RICHART SANS PAOUR

[Words included in the glossary are indicated by an asterisk in the text.]

S'ensuit le Rommant de Richart Sans Paour, duc de Normandie, lequel fut filz de Robert le Dyable et fut par sa prudence roy d'Angleterre, lequel fist plusieurs nobles conquestes et vaillances.

Imprimé nouvellement a Paris.

PROLOGUE

Seigneurs et dames qui avez ouÿ maintes belles hystoires reciter, s'il vous plaist escouter et retenir, j'en racompteray une, et de long temps n'en ouÿstes si belle et si plaisante a racompter. Gueres ne sont de gens que n'ayent tout du long ouÿ la vie de Robert le Dyable, duc de Normandie, qui espousa le fille de l'empereur de Romme, mais de Richard Sans Paour, son filz,[1] vous veulx la vie racompter, lequel au temps qu'il regnoit fut preux et vaillant et fit tant de prouesses qu'on ne pourroit racompter. Et, pource que plusieurs n'ont pas les faictz ouÿs de Richard Sans Paour, je les veulx cy apres racompter. Si prie a Dieu que tous ceulx qui l'orront lyre et reciter qu'i les vueille garder de mal et de fortune, et aussi qu'il leur plaise prendre le petit livre en gré en corrigeant les faultes si aucunes y sont trouvees, lequel a esté nouvellement translaté de vieille rime en prose.

1. *Comment Richard Sans Paour, duc de Normandie, chevauchant par une forest fut empesché d'ung dyable nommé Brundemor.*

Il fut jadis en Normandie ung duc appellé Richard, filz de Robert le Dyable et de la fille de l'empereur de Romme, lequel Richard fut longuement sans femme et sans enfans, mais il estoit hardy et vaillant contre tous, et pour la hardiesse qui en son corps estoit il chevauchoit nuyt et jour tout seul parmy les forestz pour querir adventure et sçavoir s'il trouveroit nul chevalier a qui combatre, mais oncques le duc ne cria ne chevaucha qu'il eust paour ne

---

[1] *Richard Sans Paour, son filz.* Cf. the note to vv. 7/8 of the *Romant de Richart*.

craincte par quoy communement on l'appelloit Richard Sans Paour, pour laquelle cause ung esperit maling ou dyable d'enfer nommé Brundemor se vanta qu'il luy feroit paour comme vous orrez. Ce dyable qui s'estoit vanté en enfer de faire paour au duc Richard demanda congé au maistre d'enfer d'aller tenter Richard, et voluntiers le congé luy octroya. Et lors ou le dyable sçeut que estoit Richard Sans Paour s'en alla erramment celle part, et en la nuyt qu'il alla tenter le duc avec luy mena bien dix mille huas. Or en celle nuyct le Duc Richard Sans Paour s'estoit party de sa bonne ville de Rouen et estoit entré dedans ung boys fort espés et umbrageux ou oncques homme ne trouva. Richard qui en ce boys estoit entré avoit mené avec luy ung petit chien ou brachet lequel estoit moult gentil, mais le chien qui son maistre suyvoit fut du boys si lassé que il convint a Richard le trousser devant luy sur le col de son cheval. Ainsi que Richard chevauchoit par le boys, les huas* que Brundemor avoit amenez vindrent sans nul delay et s'en allerent tous ensemble a une foys huer et crier sur le dit Richard, lequel, quant il les ouÿt, ne fut esbahy ne espoventé, ains se print avec eulx a crier et huer, de quoy les huas attainez et courroucez allerent son chien qui estoit devant luy entre ses bras par morceaulx despecer,* mais a luy n'oserent toucher ne petit ne grant, car Dieu ne vouloit pas qu'ilz luy fissent mal, combien que Richard fust hardy et bon combatant, si estoit il preudhomme sage et loyal. Or oyez que luy fist l'ennemy quant il eut ainsi essayé.

2. *Comment le dyable se mist en guise de petit enfant sus ung arbre, lequel Richard fist nourrir.*

Et quant ce dyable qu'on nommoit Brundemor vit que de Richard ne feroit son plaisir a son ayse et qu'il luy eut faict son chien despecer et mourir, a telle fin qu'il le peust enginer* et trahyr alla choysir le plus grant arbre qui fust dedans le boys. L'ennemy qui adonc voulut trahyr Richard s'alla coucher entre deux branches dessus l'arbre, puis se alla changer et muer en guise d'ung petit enfant nouveau né et commenca a crier et braire dessus l'arbre par moult piteuse maniere. Ainsi comme l'enfant crioit ainsi haultement, a tant va venir Richard Sans Paour lequel, comme il cuydoit avant passer et que son cheval marchoit par dessoubz l'arbre, il ouÿt la voix de l'ennemy qui dessus l'arbre estoit en la forme d'ung enfant. Dont tout aussi tost qu'il entendit la voix de l'enfant incontinent descendit de son cheval a terre et osta ses esperons sans attendre en aucune maniere. Lors monta dessus l'arbre ou il eut ouÿ la voix de l'enfant. Et quant le baron Richard fut tout au plus hault, il advisa et apperceut l'enfant au beau meillieu de l'arbre, qui fort crioit. Adonc sans plus faire d'arrest l'alla prendre et moult le regarda, car il estoit beau a merveilles. Si luy commença a rire de quoy le duc Richard fut fort joyeulx et se esbahyssoit qui estoient les meschantz qui ainsi l'avoient seul laissé. Mais, s'il eust congneu que ce eust esté le dyable qui ainsi s'estoit transmué pour le decevoir, plus tost detrenché par pieces ou noyé qu'il l'eust ainsi recueilly, mais le duc Richard, qui a nulle deception ne pensoit, print pitié de l'enfant et l'enveloppa dedans ung des pans de son manteau de soye. Richard Sans Paour adonc print l'enfant et de branche en branche devalla l'arbre jusques a terre, et arriere monta sus son cheval et l'enfant devant luy. Si ne cessa de chavaucher jusques a ce qu'il arriva chez son forestier qui se tenoit au millieu du boys, auquel il bailla * l'enfant et commanda a bien nourrir. La femme au forestier regarda l'enfant et l'a de ses drappeletz desveloppé, a laquelle Richard a demandé si l'enfant estoit masle ou femelle. Et celle qui de respondre fut tantost apprestee luy dist: "Par la Vierge honnoree, Monsieur, c'est la plus belle fille qui oncques a mon advis fut formee ne faicte, et si n'y a pas trois [jours] qu'ele fut nee comme il me semble." Moult fut Richard joyeulx de ses parolles, et leur dist qu'ilz la gardassent et qu'elle fust bien nourrie, et la dame respondit qu'elle le feroit voluntiers et la nourrist jusques a ce qu'elle fut en aage. Atant Richard Sans Paour de la se partit et se print a chevaucher par le boys moult longuement sans trouver nulle adventure.

3. *Comment le duc Richard trouva dedans le boys la mesgnie Helequin qui dansoient.*

Le vaillant Richard Sans Paour se print a chevaucher par le boys et tant erra qu'il vit passer par devant luy levriers et brachetz avec grant suytte de chiens trotter et courir. Aussi ouÿt il veneurs huer et corner. Et quant le duc ouÿt la chasse dedans son boys, onques n'en eut craincte ne ne mua la face, ains jura celuy Dieu qui tout le monde fist qu'il sçavra qui c'est qui chasse sans congé en celle forest. Lors regarde par devant luy et il voit trois chevaliers noirs armez de toutes pieces a cheval montez et les glayves en la main. Le preux Richard tire son espee, car de lance ne armes n'avoit il point. Si broche le cheval des esperons vers eulx en leur escriant qu'ilz se gardassent de luy, et a l'arriver gauchist son cheval, passant oultre les lances sans nul mal recevoir. Si acconsuyt* ung des trois chevaliers noirs de son espee sus la teste tant qu'il le fist encliner sur le col de son cheval, puis leur demande qui les faict si hardis de chasser sans son congé dedans la forest, mais les chevaliers riens ne respondent, ains viennent les deux les lances baissees contre luy pour l'attaindre, mais luy qui fut habille cuita* les coups et se lança de l'autre costé et, en passant oultre, en frappa ung si grant coup de son espee par derriere qu'i le gecta tout estourdy par terre. Et quant les chevaliers noirs virent le jeu mal party pour eulx ilz remontent a cheval et s'en vont fuyant par la forest et laissent leurs chiens courir. Et Richard qui eut bon cheval se print a chevaucher apres eulx. Lors que ainsi il chevauchoit, il apperceut une carolle et dance de gens noirs qui s'entretenoient. Adonc luy souvint de la mesgnie Helequin de qui il avoit autresfois ouÿ parler, mais oncques pour chose qu'il vist n'en devint en nulle maniere paoureulx, ains dist qu'il chevauchera vers eulx et a eulx parlera.

4. *De la mesgnie Helequin et qui il estoit.*

Helequin comme dit l'hystoire fut ung vaillant chevalier en son temps et eut fort grande lignee de sa semence. Cestuy chevalier Helequin en une guerre que fist Charles Martel contre les Sarrazins qui estoient entrez en France despendit tout son bien et chevauche a iceulx guerroyer, et mesmement ung beau chasteau qui siet en la duché de Normandie vendit il pour fournir a ses affaires, et tellement que, apres la guerre finie, luy qui n'avoit rien commença a piller le peuple et luy et ceulx de son lignage commencerent les gentilz hommes, dames et damoiselles a guerroyer et forcer et prendre leurs chasteaulx. Et aussi prindrent les heritages de plusieurs orphelins dont tout chascun demanda vengeance a Dieu contre luy. Doncques advint que il mourut et fut en dangier d'estre damné, mais Dieu luy fist pardon pource que il avoit bataillé a l'encontre des Sarrazins et exaulcé la foy. Si fut condamné de Dieu que pour ung temps determiné luy et ceulx de son lignaige feroyent penitence et iroient toute la nuyt parmy la terre pour leurs penitence faire et endurer plusieurs maulx et calamitez dont advenoit qu'en allant parmy le monde ilz feroyent plusieurs merveilles longues a racompter, et ainsi endurerent mainte peine et travail pour l'accomplissement de leur penitence, et aulcunes foys devoroyent les gens par le chemin. Aussi les trouvoit on en malles formes et principallement en dançant comme fist le hardy Richard ainsi que je diray cy apres.

5. *Comment Richard Sans Paour parla a Helquin, et des dons que luy fist Hellequin.*

Ainsi que vous avez cy devant ouÿ, Richard advisa la dance de la mesgnie Hellequin, et des aussi tost qu'il l'eust advisee incontinent print son cheval a brocher * encontre eulx, et quant il eut une piece chevauché il se print a regarder devant luy et vit chose merveilleuse, car il vit ung sien escuyer par devant luy lequel estoit trespassé avoit ung an entier, et quant Richard le vit moult s'en esmerveilla. Ce nonobstant, il n'en eut point de paour, mais hardiement luy demanda dont il venoit ne qu'il queroit et qui l'amena. "Comment, dist Richard, ne fus tu pas il y a long temps seneschal de ma court et mourus il y a ung an passé? — Ouy, respondit l'escuyer, voirement ay je esté seneschal de vostre court, mais je suis trespassé. — Tu dis vray, dist Richard, mais je ne sçay quelz dyables t'ont maintenant ressuscité. — Sire, dit l'escuyer, n'ayez pas esperance que je soye ressuscité, car j'accomplys ma penitence et tous ceulx que en ceste dance vous voyez entretenir que Hellequin conquist et tous ceulx de son lignaige, et moymesmes qui en suis, je suis subgect a faire celle penitence. — Comment, dist le noble et vaillant Richard, est il bien si hardy qu'il chasse sans mon congé en ceste forest? Par la foy que je doys a Dieu, ainsi n'en yra il pas, mais ainçois je sçavray qui il est et parleray a luy. — Sire, dist l'escuyer, par la foy que je vous doybtz, je le vous monstreray. — Amy, dist Richard, je t'en prie par bonne amour, et tu me feras plaisir." Ainsi s'en vont l'escuyer et Richard, si vont trouver Hellequin soubz une espine, et, aussi tost que

Richard le vit, il luy alla demander qui l'a faict entrer en la forest sans son congé. "Amy, dist Hellequin, s'il vous plaist escouter, je le vous diray. Dieu qui est nostre maistre nous a donné congé d'aller toute la nuyct depuis que le soleil est couché. Nous avons tant cheminé que nous en sommes tout las et travaillez. Et aussi, Richard, vous debvez sçavoir, et qu'il ne vous desplaise pas, que nous ne sommes bien a nostre ayse du tout, car nous souffrons chascun jour tant de peine et angoisse qu'on ne le pourroit dire en une sepmaine." Adoncques que Hellequin eut dit cela, il descendit de l'espine, et l'escuyer qui fut seneschal de Richard tira ung drap de soye et l'estendit a terre sur quoy incontinent Hellequin s'assist. Et adoncques Richard Sans Paour demanda a Hellequin comment ilz povoyent avoir telle figure trouvee laquelle il portoient, car il sembloit proprement qu'ilz fussent hommes tous vifz, et Hellequin luy respondit que quant ilz devoyent errer ilz trouvoient mainte chose par le vouloir de Dieu. Encores luy demanda Richard s'il luy sçavroit a dire combien il debvoit vivre, mais Hellequin respondit que de ce il ne sçavoit riens, mais que encores moult de peine luy fauldroit endurer. Puis dist a Richard que ja ne se doubtast, car combien qu'il luy fauldra endurer moult de peine si luy dist le cueur pour chose asseuree que ja esperitz ne ennemys ne luy feront nul mal. Quant le duc Richard entendit Hellequin si en eut moult grant joye. Lors sans plus faire delay se voulut Richard partir de la, mais avant qu'il bougeast pour s'en aller, Hellequin luy donna son drap de soye qui estoit moult riche, car il fut faict et ouvré par telle maniere qu'il n'estoit en ce temps homme ne femme qui sçeust deviser la façon comment l'œuvre du drap si riche fut faicte ne bastie. Lors le vit le noble Richard si tresbeau et si riche qu'il dist en soymesmes que oncques n'en vit le pareil. Adonc alla le drap trousser devant luy sur son cheval, et parmy la forest se print a cheminer. Quant il fut ung peu avant il se print fort a penser que ce drap qu'il avoit ne fust aporté d'enfer, et, quant il se fut bien pourpensé, il dist a soy mesmes: "Je croy que ceulx qui m'ont donné ce drap l'ont aporté d'enfer. Si les dyables me rencontrent, ilz me l'avront osté tout incontinent. Nonpourtant, dist il, il n'y a dyable au gouffre d'enfer si hardy ne si puissant que s'il me faisoit chose qui me despleust, que je ne luy donnasse de mon espee trenchante." En ceste pensee cheminoit le duc Richard qui n'avoit crainte de chose du monde, et tant chevaucha qu'il aprocha de mynuyt, et ne povoit trouver chemin ne voye.

6. *Comment Richard trouva de nuyct ung pommier en la forest que oncques homme depuis ne sçeut trouver.*

L'histoire racompte que le hardy Richard mist telle peine a chevaucher celle nuyct qu'il s'esgara la nuict en la haulte forest. La lune luysoit qui estoit clere et plaine, et a la clarté d'icelle alla choisir delez une belle fontaine ung pommier qui estoit hault et estendu. Si s'adressa celle part et vit que le pommier estoit forment chargé de grosses pommes rouges, de quoy il fut en son cueur tres esmerveillé comment les charbonniers qui passoient souvent par la l'avoient ainsi laissé. "Par ma foy, dist Richard Sans Paour, je suis tout esbahy* que les charbonniers qui cy passent jour et nuyt n'ont de long temps cueilly le fruyt de cest arbre qui est si beau et qui porte pommes qui sont si vermeilles. Par Jesus qui me fist, je les tiens bien pour folz quant ainsi l'ont laissé entier." Lors le duc qui du fruit eut envie print trois pommes de l'arbre et les mist en son sain, puis pour merquer* le lieu et la place affin de sçavoir retourner couppa une branche de l'arbre, mais la merque de la branche ne luy valut un brin de feurre,* car depuis qu'il s'alla departir du pommier oncques homme ne peut l'arbre trouver ne au lieu aller et venir, et depuis l'arbre ne fut veu ne trouvé d'aulcun, tant bien le sçeust querir. Le duc Richard, quant il fut du pommier party, chevaucha tant qu'il vint a Rouen apres minuyt ou il fut recueilly de ses gens en son chasteau et s'alla coucher en son lyt ou il reposa et dormit jusques au matin a heure de prime. En ung riche et bel estuy fist mettre les trois pommes par grant dignité et apres prime il ouÿt la messe a Nostre Dame a la quelle, quant ce vint qu'il alla a l'offrande, il offrit son noble drap de soye que Hellequin luy donna, duquel drap qui estoit si riche fut entierement reparé l'autel de la chapelle. Et quant la messe fut dicte, Richard s'en alla au chastel disner. Si fist ataindre le fruit qui estoit si beau qu'oncques homme n'en vit jamais le pareil. Quand Richard tint les pommes, il s'escria a haulte voix que s'il y a nul homme de ses gens qui puisse trouver le pommier jusques a complie que a tout jamais son pain ne luy fauldra, et le nourrira a toute sa vie. Lors la plus grant partie de ses gens se vanta de trouver le pommier duquel il leur a parlé. Richard bailla enseignes certaines comment il y laissa bonne bresche * au departir. Ainsi s'en vont les gens de Richard par le boys qui moult se penerent de querir le pommier, mais il ne le trouverent point, ne oncques ilz ne virent pommes s'ilz ne les y porterent, par quoy s'en retournerent devers le duc las et matz et travaillez. Et quant le duc Richard vit retourner ses escuyers sans avoir trouvé le pommier, il fist escarteler ces trois pommes et en fist les pepins planter en ses jardins et vergers, et par trait de temps de chascun pepin vint ung beau et flory pommier lesquelz Richard commanda qu'on les gardast bien, et furent nommees pommes de Richard pource que le duc fist planter les pepins comme je vous ay ja dit, et aux pommes qui des pepins vindrent alla mettre son nom comme on les nomme maintenant, et jamais en nulle contree n'avoit on ouÿ parler des pommes de Richard. Le duc eut grant soulas et joye des pommiers quant il vit que en esté si beau fruict portoient desquelz on n'avoit par avant veu.

7. *Comment Richard Sans Paour combatit ung dyable qui estoit entré au corps d'un excommunié.*

Recite l'hystoire que Richard Sans Paour chevauchoit une nuyt parmy sa terre de Normandie. Ainsi qu'il chevauchoit et qu'il fut tard anuyté advint qu'il s'adressa ceste nuyt en une chappelle qui estoit au meilleur d'une forest dedans laquelle estoit enterré le corps d'ung excommunié. Richard descendit de son cheval et entra en la chappelle et s'alla agenouiller devant l'autel en faisant devotement sa priere a Jesu Christ. Quant sa priere fut faicte, il voulut yssir dehors de la chappelle, mais en s'en allant il oublia ses gands * devant l'autel ou il avoit faict sà priere, Et, quant il se apperceut de ses gands qu'il avoit oubliez, incontinent rentra en la chappelle pour les retourner querir. Ainsi que Richard retournoit querir ses gands, l'excommunié qui en ce lieu gisoit dedans une biere saillit hors vistement a l'encontre de Richard Sans Paour et l'embrassa. Or s'estoit mis l'ennemy dedans ce corps qui aherdit * Richard quant il voulut saillir, et quant ainsi se sentit empigné * il s'escouyt * par vive force pour eschapper de cest ennemy, mais ce ne luy valut riens. Si frappa le corps de l'excommunié par si grande hardiesse qu'il convint au dyable le lascher. Lors brandist Richard son espee apres luy, mais rien ne trouva, et le dyable, qui ne taschoit que a luy mal faire, le fist cheoir tout plat a terre en cuydant oultre passer, lequel, se sentant ainsi deceu, a l'excommunié luy rua tant de coups d'espee que tout le detrencha par pieces. Or en ce temps que je racompte les gens ne sçavoient rien de veiller les amys et pour ceste cause Richard fist crier par toute sa terre que il n'y ayt gentil homme, chanoine ne bougeoys, que s'il advient que la mort aucuns de leurs amys prenne, qu'ilz ne laissent pour quelque empeschement qu'ilz ayent qu'ilz ne les veillent une nuyt. Et alors on veilla les corps par toute Normande, et pour la cause que j'ay recitee fut la veille des corps par tout establie.

8. *Comment ung ange et ung dyable s'apparurent a Richard pour avoir jugement de l'ame d'ung moyne.*

Le duc Richard trouva en son vivant mainte adventure merveilleuse desquelles j'ay recité grant partie cy devant, mais, s'il vous plaist entendre, vous en orrez de plus grandes et singulieres. Une nuyct se gisoit Richard Sans Paour dedans Fescamp en la noble abbaye que il fist fonder. Ainsi que il estoit couché en son lict sans dormir ung ange et ung dyable se apparurent a luy lesquelz avoient estrivé * ensemble pour avoir l'ame d'ung moyne qui s'estoit en celle nuyt noyé. Au duc et a sa volunté se sont soubzmis pour en rendre certain jugement, et luy ont compté tout le fait au long. L'ange devant le dyable parle et luy dit: "Sire duc, rendez nous jugement et escoutez nostre question. Ceste nuyt avant minuyt gueres n'y a que ung moyne dont l'ame est presente se alla lever, et quant il fut levé il yssit de son abbaye pour aller veoir une femme qu'il entretenoit par amours. Et ainsi qu'il cheminoit comme je vous dy, il cheut de dessus une planche en l'eau, devant laquelle cheute * il disoit le service de la Vierge Marie, mere de Dieu, pour laquelle chose cest ennemy dit l'ame du moyne estre sienne. Je vous ay compté du tout la verité. Ce dyable veult avoir l'ame a force, mais par droit il me semble qu'elle m'appartient et qu'il ne doit rien avoir. S'il vous plaist, vous nous en direz vostre conseil." Quant le duc Richard eut ouÿe la raison de l'ange, l'ennemy commença a dire tout hault que ainsi n'yroit il mye: "Le moyne, dist il, dont ceste ame est departie se noya tout ainsi comme chez s'amye alloit, et puis qu'il est mort en allant faire peché et estoit amoureux de femme, je di que l'ame est a moy dont je suis fort joyeulx, car je l'emporteray et que vous en ayez rendu jugement." En ce point arguent le bon age et le mauvais pour avoir l'ame du moyne. Et quant Richard eut entendue la raison, il dist a l'ange et au dyable: "Maintenant la sentance vous en sera rendue. Il vous convient aller tous deux remettre l'ame au corps, puis ferez poser le corps au meillieu de la planche et regarderez quelle part il yra. S'il s'en va vers s'amye, le dyable l'avra, mais s'il s'en va en son abbaye, vous le laisserez vivre. Faictes ainsi que je vous ay dit et vous verrez qu'il fera." Quant l'ange et l'ennemy oyrent ce jugement, ilz s'en partirent et prindrent le corps noyé en l'eaue de Rosbec et misrent l'ame dedans. Entre eulx deux sus la planche fut le moyne remis, lequel, quant il vit le dyable si noir et hydeux, il s'en retourna arriere tout paoureulx et tremblant en son abbaye dont il estoit party et cria mercy a Nostre Seigneur. Ce beau miracle cy advint a Rouen d'ung moyne qui de Sainct Ouen estoit yssu, et depuis par mainte annee fut secretain de la dicte abbaye et souffrit mainte peine pour l'amour de Nostre Seigneur, et en la religion n'y eut plus preudhomme que luy, et de la en avant n'eut aucun vouloir ne intention de pecher. Et ainsi par le jugement du duc Richard fut sauvé celuy moyne comme vous avez ouÿ

9. *Comment le duc Richard espousa le dyable qu'il avoit faict par sept ans nourrir.*

A Richard, duc de Normandie, advint maintes merveilles, mais je ne compte riens a ceulx que j'ay dictes envers ceulx que je veulx racompter qui sont les non pareilles qui furent ouÿes de long temps. Or devez vous sçavoir que ce dyable qui s'estoit mué en forme de fille, que le duc Richard trouva comme j'ay dict, icelle fille amenda et creut plus en sept ans que ne font pas maintenant les enfans a quatorze. En ce temps la dont je vous parle, tous les nobles barons de Normandie grans et peitz firent ung consistoire trestous ensemble pour avoir conseil d'aller dire a leur seigneur Richard qu'il luy plaise espouser une dame dont il peust avoir hoir qui puisse tenir la terre apres luy, et ung jour parlerent au duc et luy dirent: "Sire, nous sommes d'accord tous ensemble de vous requerir que vueillez prendre a femme quelque honneste dame dont vous puissez avoir hoir qui puisse tenir apres vostre mort la duché de Normandie. — Seigneurs, ce dist le duc, quant vous le me louez, je me accorde voluntiers a vostre volunté. Il est vray que j'ay une pucelle il y a sept ans passez que j'ay faict nourrir en une forest. S'il vous venoit a gré, je la prendroye, car je ne pourroye trouver plus belle a mon gré. — Sire, dirent les barons, Dieu vous en envoye joye. Plaise vous l'espouser puis que vostre cueur se y adonne." A ces parolles les mercia le duc et envoya chez son forestier querir la fille par deux chevaliers, laquelle quant elle fut venue, le duc Richard fist mander l'archevesque de Rouen lequel tantost alla espouser Richard et le dyable ensemble. A Rouen fu la feste celebree qui fut moult sumptueuse, et y eut une joustes ausquelles jousta le vaillant Richard et abbatit le conte d'Alençon, le conte de la Marche, et le duc de Bourbon, lesquelz estoient venuz a ses nopces. Et aussi le conte de Vendosme abbatit a la jouste, le conte de Champaigne et Lamoureulx de Galles qui en ce temps estoit nouveau chevalier. L'espousee estoit sur les eschauffaulx avec les damoiselles du pays qui moult estoit belle et bien acoustree. Et apres que les joustes furent faillies, se retirent au chasteau ou le soupper fut tout prest. Si furent servis de plusieurs metz delicieux, et en ceste joye dura la feste six jours, lesquelz quant ilz furent passez chascun s'en retourna en son pays.

10. *Comment la femme de Richard faignit estre morte, et l'alla son mary veiller une nuyt en la forest, et comment la dyable qui estoit sa femme estrangla son chevalier.*

Le duc Richard et sa femme furent sept ans ensemble depuis le mariage, ce furent quatorze ans que avoit la fille d'aage. Et ung jour qui fut cestuy Sathanas, femme de Richard, fist la mallade et contrefit souffrir grant douleur en se couchant au lyt. Quant ce vint qu'elle n'en povoyt plus comme il semble, elle fist mander son mary, Richard, pour venir parler a elle et luy dire ce qu'elle avoit deliberé en son couraige. Le baron Richard n'arresta gueres et vint devant sa femme qui estoit fort malade, laquelle luy dist: "Sire, dist le dyable, vous estes mon mary, et je suis vostre femme qui suis en tresgrant infirmité de malladie, et croy que je mourray, et pource je vous suplye que m'octroyez und don qui n'est pas grant. — Dame, respond le duc, demandez ce qu'il vous plaira, car je ne vous fauldray point. — Sire, je vous prie, dist l'ennemy, puis que ainsi est que il faut que je le die que a une chappelle qui est a une lieue et demye d'icy vous me vueillez veiller une nuyct tout seul sans compaignie de ame. Celle chappelle siet en la forest ramee ou j'ay esté nourrie et gouvernee par sept ans. Octroyez moy ce don, s'il vous plaist, s'il advient que je trespasse, et avant que je soye enterree veillez mon corps toute la nuyt ainsi qu'il est de coustume. — Dame, dist le vaillant Richard, je m'accorde voulentiers a ce que m'avez demandé, et veulx bien que se vous trespassez de vous aller veiller toute la nuyt en la chappelle, et que avec moy n'avra sans plus que ung chevalier lequel me tiendra compaignie affin que moins il m'ennuye." Apres ces parolles le noble et vaillant Richard de Normandie en pleurs et larmes dist adieu a sa femme, laquelle peu apres contrefit estre morte et trespassee.

Laquelle chose sçeue par Richard avec grosses lamentations moult la regretta, ce qu'il n'eust faict s'il eust congneue la deception de l'ennemy d'enfer. Lors fist tant le veufve duc Richard que le corps de sa femme fust porté en moult noble estat et ordre a la chapelle du boys. Quant le corps de la duchesse fut posé en la chappelle, arcevesques, evesques et aultres sainctes gens d'eglise vindrent commander le corps a Dieu ainsi qu'il est de guise, et estoit la chapelle toute esprinse * de torches et de cierges. Mais si le bon duc sçeust bien la deception et la maniere comment le dyable estoit en la biere en guyse de femme, il l'eust avant fait gecter en la riviere que prestre ne clerc eust faict priere pour luy. Quant le clergé eut recommandé l'ame a Dieu, tout le peuple qui l'estoit venu convoyer s'en retourna a Rouen, et Richard demoura tout seul en la chappelle pour sa femme veiller, et avecques luy ung chevalier pour luy tenir compaignie et n'eut non plus de gens avec luy. Adonc veillerent ceste nuyt Richard et le chevalier en regrettant le corps de sa femme qu'il avoit si jeune espousee, mais avant qu'il soit jour le duc Richard apercevra ce que oncques il ne fist et comment il avoir espousé le dyable ainsi que vous orrez recorder. Le baron Richard toute la nuyt se print a regretter le corps de sa femme tres amerement, et avant la mynuyt il fut surprins de sommeil et s'endormit. Or oncques n'ouÿstes racompter de si grandes merveilles, car, ainsi que tesmoigne l'histoire, a l'heure que Richard Sans Paour s'endormit et son chevalier pareillement le corps qui estoit dedans la biere s'estendit si tres fort que il desrompit en plus de cent pieces le coffre et la couverture, et a celle propre heure gecta ung cry de si grant effroy qu'il en convint tout le boys croller * et retentir. Richard Sans Paour qui adonc s'esveilla n'eut paour ne crainte de la voix, mais pour seureté tira son espee et la mist delez luy toute nue bien hardiement. Lors le corps qui la gisoit s'escria haultement en dist: "Or, Duc Richard, comment faites vous telle chose? On parle en tous pays et contrees de vostre hardiesse et va on recordant que oncques en vostre vie vous n'eustes crainte ne paour de personne vivant tant eust il esté hardy. Et maintenant j'apperçoy que pour une seulle femme vostre chair s'est fremye de la grant paour que vous avez eue. — Par ma foy, dist Richard Sans Paour, je n'ay eu frayeur ne crainte, ains en avez menty, car oncques pour personne qui fut vivante je ne muay la couleur de ma face ne ne mueray. Dictes donc vostre vouloir et je l'escouteray." Le corps gisant a la biere adoncques respondit: "Ha, Richard, je vous dy que l'on va disant en mainte part et contree que vous n'eustes onc paour de lyon ne lyepart * ne d'homme vif ne mort, et maintenant j'apperçoy que vous estes couart quant pour ung corps de femme qui est de ce siecle trespassee, couverte et envelopee en une biere vous vous estes esmeu et par couardise avez traicte vostre espee. Or est maintenant toute la mensonge esprouvee de ce qu'on a dit de vous que vous estiez le plus hardy qui fut né de mere, mais desormais vous serez clamé le plus couart et craintif qui soit sur la terre." A ces parolles s'aÿra Richard et par despit parla au corps en luy disant: "Corps, tu as une folle erreur, car saiches pour verité que je n'euz oncques paour en tournoy, ne en guerre, ne en quelque peril ou je me peusse trouver. — Richard, dist le corps, pourquoy donc tirastes vous l'espee hors du fourreau sinon que pour la doubte que vous aviez? — Comment, dist Richard par grant despit, par le vray Dieu, nostre Seigneur, qui malle grace vous envoye, n'estiez vous par aujourd'huy morte quant on vous mist en celle biere? — Nenny *, respond le corps, mais j'estoye pasmee pour une soif qui m'est prinse ce jour sur le vespre ce qui m'a causé une fiebvre au corps de laquelle je n'ay pas esté bien admiree * et revisitee * a peu que je n'en suis morte, mais, Dieu mercy, je me suis revenue. Sire, dist le corps, si oncques m'aymastes de bonne et certaine amour, je vous prie que vous sortez en celle plaine et la en la haulte forest sur le dextre vous trouverez ung bel arbre pres duquel est une fontaine. Et en celle fontaine vous fauldra abaisser pour puyser de l'eaue clere en ung hanap que les bergiers laisserent avant hyer, si m'en aporterez, car mieulx ne me pourriez avancer ma santé pource que toute ma malladie ne procede que de soif endurer, et par cela je retourneray en convalescence". Le duc Richard Sans Paour a la requeste de cest ennemy qui estoit sa femme se mist tantost en la voye et alla a la fontaine, laquelle fut follie a luy, car tandis le dyable se leva de la biere et s'en vint vers le chevalier qui estoit demouré seul en la chappelle, lequel le print et tout mort et estandu l'estrangla. Le chevalier qui grant douleur sentit cria si hault au mourir que le vaillant Richard qui puysoit de l'eaue l'ouÿt tout plainement. Adoncques Richard le duc de Normandie, quant il ouÿt le chevalier qui ainsi fort crioit, s'apensa qu'il estoit deceu et trahy, mais oncques il n'en eut frayeur en nulle maniere. Tout incontinent il s'en retourna arriere en la chappelle dont il estoit party, dedans laquelle il ne trouva feu ardant ne nulle lumiere es lampes, car l'ennemy avoit tout estaint. Vers la biere tout droit s'en vient et fouilla dedans, mais il la trouva toute vuyde, car le dyable s'en estoit sorty dehors. Puis s'en vint a son chevallier lequel il trouva au meilleu de la chapelle tout royde mort estendu dequoy il fut fort esbahy et dolent et en fist moult chere marrie. Richard sans attendre print le chevalier et s'en vint vers la biere dedans laquelle il le coucha avec grosses lamentations et commença a dire ainsi: "Ha! Faulx dyable, comment m'as tu ainsi villainement trompé et engigné quant mon chevalier, que tant j'aymoys, en mon absence as mis a mort et despecé, et m'envoyas la hors pour toy querre a boire que de soif d'enfer puisse tu estrangler, et puis apres t'en es yssu de ceste biere. Je prometz a Dieu, qui le monde fist, que se je te rencontre en chemin ou en voye je te pourfendray de mon espee depuis la teste jusques aux piez. Depuis l'heure que je nasquy oncques mes en ma vie je ne peulx estre deceu de nul ennemy, mais je voy bien que j'ay esté trahy de cestuy. Que mauldicte soit l'heure qu'oncques je la fis nourrir en la forest, car pour avoir bien faict on n'en reçoit que peine. Aussi on dit bien vray, il n'est malencontré que de dyable et de la chamberiere de prestre, car l'ung et l'autre ensemble font butin. La chamberiere demande le corps et le dyable ne requiert que l'ame pour la conduyre en enfer."

11. *Comment Richard plora son chevalier et recongneut devant tous qu'il avoit espousé le dyable.*

Ainsi que dict le compte le duc Richard Sans Paour fist moult grant douleur pour son chevalier lequel il mist dedans la biere et le veilla toute nuyt jusques au jour et n'eut point de crainte du dyable combien qu'il l'eust mis en erreur. Toutesfois s'apperceut il bien que le dyable avoit esté sa femme et l'avoit deceu dont il estoit fort dolent. Lors que le jour fut venu le lendmain, a heure de prime les archevesques, evesques et clergé avec le populaire * sortirent de Rouen et se misrent en voye parmy la forest vers la chappelle en chantant le service des trespassez et priant pour l'ame de la duchesse de Normandie. Et Richard qui avoit veillé toute la nuyt, quuant il vit le jour apparoir il se mist en chemin et vint encontre ceulx qui venoient a la chappelle, et quant il fut empres * eulx, il leur dist a haulte voix: "O vous messeigneurs qui tous estes icy tant grans que petitz, je vous prie ne chantez plus ne ne priez Dieu pour ma femme, que le grant dyable d'enfer en puisse l'ame emporter. Messeigneurs, dist Richart aux prelatz, sachez pour certain, et bien le sçay, que c'estoit ung dyable la femme que j'avoys espousee, le pire et le plus decevable qui soit au tenebreux enfer." Lors Richard leur compta comment il veilla sa femme et de la paour qu'elle luy cuyda faire, et puis comment il trouva son chevalier mort et estranglé a terre, et du tout en tout leur compta le fait veritable ainsi qu'il estoit advenu. Quant Richard Sans Paour eut achevé ces parolles l'archevesque de Rouen, qui bien avoit sa raison ouÿe, le reconforta au mieulx que il peut en luy disant: "Sire, n'ayez doubte ne souspeson. Nous sçavons bien que les ennemys d'enfer ont povoir de tenter nuyct et jour les humains, et, se il en y a aucun qui nous ayt deceu, n'en soyez pourtant desconforté. — Aussi ne suis je, dist le duc Richard, mais je suis tourmenté trop grandement que ung tel ennemy a geu aupres de moy nud * a nud plus de sept ans, et pour ce je ne quiers jamais a estre marié qui que soit ou le courage me changera." A ces parolles Richard, qui trop estoit triste et dolent, avec toute la compaignie arriverent au boys en la chappelle, et en ce lieu leur monstra Richard le chevalier mort gisant en la biere, lequel tantost il fist enterrer et chanter les obseques pour iceluy. Puis apres s'en alla demourer en l'abbaye de Fescamp qu'il avoit fait fonder, et donna congé a tous ses chevaliers, barons et gentilz hommes de sa court, fors a trois seulement qu'il avoit retint avec luy, c'est assavoir son gueulx, son chambellan et son despensier. Ainsi se maintint en moult devote et paisible maniere comme reclus par long temps.

12. *Comment le roy Charlemaigne fist crier ung tournoy et feste ou se trouva la fille du roy d'Angleterre, et Richard qui d'elle fut amoureux.*

Pour le temps que je recite regnoit en France le roy Charlemaigne qui estoit empereur de Romme. Celuy roy estoit retourné de Romme ou il avoit remis le pape Leon en son siege,[2] et a sa revenue vouloit celebrer une feste ou il fust faict ung tournoy. Ce fut a la fin du moys d'avril que le dict roy Charlemaigne fist crier la feste en la ville de Paris parquoy messagiers et heraulx furent tantost sur les champs et firent si bien leurs exploitz que la court fut grande a Paris de plusieurs grans seigneurs et chevaliers, entre lesquelz estoit Naismes, duc de Bavieres, Ogier de Dammemarche, le preux Olivier et Roland, nepveu du roy Charles, le grant Thierry d'Ardaine, Salomon de Bretaigne, Regnault de Montauban et ses trois freres. Pareillement y vint le duc Richard, luy troisiesme, le conte d'Alençon, le duc de Vendosme, le duc de Bourbon, et Lamoureux de Galles qui conduysoit Clarice, fille de Astolpho, roy d'Angleterre, qui estoit la plus belle que se on eust sçeu trouver en quatre royaulmes. Tous ses princes arrivez et la reverence faicte, receurent la bien venue de l'empereur. Ce fut a ung samedy que les princes furent tous arrivez, et le lendemain, qu'il estoit dimenche, les joustes furent commencees fortes et roydes. Ogier le Dannoys, Roland, conte de Blayes, et son cousin, Olivier de Vienne, et autres tindrent la partie de dedans. Richard Sans Paour, duc de Normandie, Salomon, roy de Bretaigne, les quatre filz Aymon et Thierry, seigneur d'Ardaine, avec le duc de Bourbon,

---

[2] *Celuy roy estoit retourné de Romme ou il avoit remis le pape Leon en son siege* — a reference to a version of *La Chanson d'Aspremont*.

le conte d'Alençon et autres plusieurs, furent de la partie de ceulx de dehors. A une heure apres midy que Berthe au grant pied, royne de France, la princesse Alix, sa fille, Clarice d'Angleterre, et autres grandes roynes, princesses, duchesses et contesses, ensemble dames et damoiselles, estoient toutes montees sur les tours et eschauffaulx, les chevaliers se monstrerent tous armez — chascun retiré du costé de sa partie — lesquelz, apres que les heraulx eurent donné le siege de jouste et que les trompettes eurent sonné, commencerent a eulx desranger les ungs contre les autres. Et premierement accourut Richard Sans Paour, qui estoit fort bien monté, et vers luy vint Roland, conte du Mans, preux comme ung second Hector, et au joindre se frapperent de telle forte sur les escus que les lances vollerent par pieces et esclatz. A la deuxiesme course le duc Richard desheaulma Roland, mais a la troisiesme aconsuyvirent * de telle roydeur que tous deux par dessus la crouppe des chevaulx tumberent * a terre si estourdis qu'ilz ne sçavoient s'il estoit jour ou nuyt, de laquelle jouste chascun fut moult esbahy. Adonc les chevaliers de chascun des deux costez picquerent chascun leurs chevaulx vers les deux champions qui gisoient a terre, lesquelz estoient conducteurs des deux parties, et les ayderent a remonter a cheval. Et au rencontrer qu'ilz firent Olivier, cousin de Roland, abatit par terre Salomon, roy de Bretagne. Guy, duc de Bourgogne, et Ogier jousterent ensemble et s'entreabbatirent. Richard Sans Paour abbatit d'ung coup de lance Lamoureux de Galles qui paravant avoit abbatu le duc de Bourbon et le conte d'Alençon, et ainsi chascun faisoit son devoir de conquerre honneur et louenge. Richard se parforçoit * tant qu'il povoit a reculer ceulx de dedans auquel le preux Roland resistoit de toute sa force. Par le tournoy s'en alloit Richard, duc de Normandie, abbatant chevaulx et chevaliers par terre tant que tous ceulx du tournoy craignoient a le rencontrer, et tant fist par ses proesses que le pris du tournoy luy fut donné par les dames du costé de dehors, et Roland eut l'honneur de ceulx de dedans. Apres que les joustes furent faillies, tous les seigneurs et dames vindrent soupper au palais par le commandement du roy Charlemaigne, auquel banquet, qui fut de royaulx metz servy, le duc Richard fut frappé de l'amour de Clarice, fille du roy d'Angleterre qui devant luy estoit assise a la table de l'empereur. Pareillement la jeune dame ne fut pas moins amoureuse de luy pour les vaillances et proesses qu'elle luy avoit veu faire au tournoy. Richard qui fut surprins d'amour s'entremettoit de servir la dame de tout son cueur et par signe luy portoit ce que son cueur portoit pour l'amour d'elle dont elle n'a pas moins de peine. Les deux nouveaulx amoureux ne sçavoient quelle contenance tenir pour celer ce que leur cueur ne povoit taire, et en tel estat furent pres de huyt jours sans riens descouvrir l'ung a l'autre. Mais a la parfin le duc Richard se descouvrit a elle dont elle fut bien joyeuse et luy denonça le jour de son departement duquel il eut esperance de jouyr de ses amours et luy declaira en briefves parolles comment il l'aymoit de tresgrant et ferme amour et se mettroit au dangier de la conquerre sur dix chevaliers et Lamoureux de Galles qui la devoient remener en Angleterre, et de ces parolles fut Clarice tres esbahye en louant la vaillance et proesse du courage de son amy Richard qui ainsi luy promettoit l'emmener.

13. *Comment Richard Sans Paour vaincquit onze chevaliers et emmena la fille du roy d'Angleterre laquelle il espousa.*

L'histoire dit que, apres que la feste que Charlemaigne fit faire a Paris fut faite et acomplie, tous les princes et seigneurs, barons, dames et damoiselles prindrent congé du roy qui leur donna grans dons, et s'en retournerent chascun en son pays. Clarice comme les autres s'en voullut retourner en Angleterre; elle print congé de Charlemaigne, qui moult la remercia de sa venue, et fist appresper tout son cas pour partir. Lamoureulx de Galles avec dix aultres chevaliers l'avoit amenee en France et estoit conducteur d'icelle au retourner. Quant le duc Richard sçeut le jour qu'elle debvoit partir ainsi qu'elle luy avoit dit, il s'en partit deux jours devant de la court et fit tant par ses journees qu'il arriva en ung chasteau qui estoit bien dix lieues par dela de la ville de Rouen sur le chemin de Normandie pour aller en Angleterre, et la se tint si celleement qu'oncques homme ne s'en aperceut. Le deuxiesme jour d'apres son departement de la ville de Paris, ung jour du moys de may, bien matin il s'estoit levé et armé de toutes pieces et se pourmenoit * par dedans le chasteau attendant son advanture. Et quant il se fut pourmené * une espace de temps, il s'appuya a une des fenestres du chasteau qui avoit sa veue par dela Rouen. Gueres n'eut regardé le duc Richard Sans Paour par les champs quant il advisa au bout d'ung boys onze chevaliers montez a cheval et armez de toutes pieces qui venoyent le chemin du chasteau, et au meilleu d'eulx avoit une dame la plus belle qu'il eust oncques veue en sa vie comme il luy sembloit et avecques elle estoyent deux damoyselles montees sur deux blanches hacquenees *. Et saichez que c'estoit Lamoureux de Galles et dix chevaliers qui conduysoit la belle Clarice et ses deux damoyselles de Angleterre et avoyent couché la nuyt de devant a Rouen. Quant le noble et vaillant duc Richard les eut apperceuz il ne fist plus d'arrest, il laça son heaulme en sa teste et monta sus son bon cheval qui estoit tout prest, et prent une lance en sa main et s'en yst hors du chasteau en courant vers les onze chevaliers tant que son cheval peut traire. Et quant il fut pres d'eulx il leur escria tant comme il peut: "Gardez vous de moy ou me laissez la dame, car elle est mienne." Les chevaliers qui ouïrent les parolles virent bien qu'il leur convenoit combatre, et Lamoureulx de Galles adoncques bailla Clarice en garde a troys chevaliers, laquelle ne s'en soulcioit gueres et eust bien voulu que Richard son amy les eust tous desconfis, ce qu'il fist, car, quant il les eut escriez, il acourut devers ung des onze chevaliers qui roidement venoit vers luy la lance baissee. Le chevalier rompit sa lance sur Richard, et Richard luy bailla tel coup de glayve qu'il envoya homme et cheval tout en ung mont par terre, puis s'en passe tout oultre. Et quant Richard vit son glayve entier, il acourut vers ung autre chevalier et le gecta de la lance de dessus le cheval au sablon, lequel au cheoir se rompit le bras dextre. Encore ne brisa le glayve dudit Richard, mais d'icelluy abbatit quatre chevaliers qui oncques puis n'en releverent. Quant Lamoureux de Galles vit que la perte tournoit sur ses compaignons, il picqua son cheval des esperons et vint, le glayve baissé, contre Richard, et fut fort pesant le coup. La lance de Lamoureulx (chevalier)[3] volla en pieces, et le duc qui avoit receu le coup sur son escu le frapa de telle force que il le fist tomber oultraigeusement dessus l'herbe, et au cheoir qu'il fist se desnoua une cuisse dont il ne peut chevaucher. Adoncques

---

[3] *L'amoureulx chevalier* — this reading is confirmed by the three other old editions. However, we believe that it is unlikely that this knight was really considered to be called *l'Amoureulx de Galles,* and so here as elsewhere we have transcribed his name as *Lamoureulx de Galles,* the form given in Arthurian romances.

il tira son espee quant son glayve fut rompu et s'adressa vers les six chevaliers, et le premier qu'il rencontra il le rua tout mort par terre. Les chevaliers l'assailloyent moult vigoureusement et luy donnoyent fort a faire, et Richard qui eut l'espee en la main en frapa l'ung par si grant roydeur qu'il luy coupa le bras dont il tenoit l'espee et cheut tout senglant sur l'herbe verte. Le huytiesme rua il tout mort a terre, et puis apres le .ix. moult felonneusement, car Richard, le franc duc, estoit trop plus meilleur chevalier que eulx. Quant les deux chevaliers qui estoient demourez vifz et qui gardoient Clarice d'Angleterre virent que tous leurs compaignons estoient desconfitz ilz se vindrent rendre a sa mercy, et leur fist promettre de mener leur seigneur. Lamoureulx de Galles, en une litiere en Angleterre et leurs compaignons pour estre garis, et il leur promist de faire mettre en sepulture ceulx qui avoient esté occis. Les deux chevaliers dont l'ung avoit nom Yvain et l'autre Bertrand promirent a Richard de faire ce qu'il leur avoit dit, et aussi firent ilz, et le duc Richard apres cela s'adressa vers sa dame Clarice, laquelle fut bien joyeuse de son adventure. Bon recueil si luy fit et l'aymoit de tresgrant amour, et aussi il luy monstra bien, car, quant il fut venu pres d'elle, il luy dist: "Ma dame, or ont voulu Dieu et fortune que je vous aye conquise, si n'en devez vous pas estre marrie *, car je vous ayme de si bonne et franche amour que je ne vous oublieray jusques a la mort, et s'il plaist a Dieu et a vous, le vous espouseray par loyal mariaige. — Cher amy, dist la dame, pour l'amour de vous et de vostre prouesse suis je contente de laisser mon pere et mon pays, et si j'ay souffert la mort de mes chevaliers paciemment, et vostre beaulté a captivé mon cueur a vous aymer. Et quant il vous plaist de me prendre a femme j'en suis fort joyeuse, car c'est ce que je demande." A ces motz le duc Richard et sa dame Clarice se mirent en la voye devers Rouen ou ilz furent receuz a grant soulas de tous les citoyens, et Richard Sans Paour manda tous les barons, seigneurs, chevaliers et gentilz hommes de Normandie, ensemble dames et damoyselles en la presence desquelz l'arcevesque de Rouen espousa Clarice, fille du roy d'Angleterre au preux chevalier Richard, duc de Normandie, en la grant eglise de Rouen. La feste fut grande au palays de Rouen et apres disner furent faictes unes joustes * de jouvenceaulx chevaliers et escuyers de Rouen a l'encontre de ceulx des aultres contrees es plaines de la ville de Rouen pres de la mer, lesquelles joustes furent fortes et roides, et en emporta le pris de ceulx de dehors le conte de Mortaigne, et de ceulx de dedans le conte de Caen qui estoit beau chevalier. Apres que la feste fut passee les seigneurs s'en retournerent en leurs pays, et le duc et sa femme demourerent paysiblement ensemble a Rouen. Si laisseray a parler d'eulx et compteray des chevaliers qui portoyent Lamoureulx de Galles en une litiere et comme ilz s'en retournerent en Angleterre.

14. *Comment le roy d'Angleterre descendit en Normandie, et du dyable Brundemor qui vint au secours de Richard de Normandie.*

Les chevaliers qui s'estoient partis du duc Richard et avoyent mis le chevalier de Galles et leurs compaignons dedans certaines litieres s'acheminerent tant qu'ilz vindrent au port de mer sur laquelle ilz se bouterent et firent tant qu'ilz arriverent devant Astolpho, roy d'Angleterre, auquel ilz compterent leur adventure et tout le faict comme il estoit allé en luy monstrant Lamoureulx de Galles et les aultres chevaliers navrez qui luy compterent comment le duc Richard les avoit desconfitz et avoit emmenee sa fille Clarice. Quant le roy d'Angleterre entendit ces nouvelles, il fut moult courroucé et jura Dieu qu'il ravra sa fille et destruira le duc Richard, et puis de tous deux faire cruelle justice. Si attendit Astolpho la guarison de Lamoureux de Galles, et apres qu'il fut guary et ses compaignons, il fist assembler une grosse armee d'Angloys a Londres dont estoyent conducteurs le conte de Vicestre et le duc de Northobellande et plusieurs aultres contes et barons, et apres fist equipper plusieurs navires dedans lesquelz ilz monterent trestous et tant singlerent, les voiles au vent, qu'ilz arriverent a Dyepe en Normandie. Adonc commencerent a courir la terre du duc Richard, et manda le roy d'Angleterre au duc Richard qu'il luy rendist sa fille ou qu'il le destruiroit, et Richard le vaillant prince luy fist courtoise responce qu'il aymoit sa fille et l'avoit prinse a femme selon l'eglise, et que voulentiers il luy quitast *, car il l'avoit conquestee, et seroient bons amys ensemble. Le duc Richard rendit telle response au roy d'Angleterre que jamais pour mourir n'eust sa femme rendue, et le roy d'Angleterre qui ces nouvelles entendit fut plus marry que devant. Lors manda aux preux chevaliers Roland et a son cousin Regnault de Montauban autremant dit de l'Espine qu'ilz le venissent secourir, mais ilz estoient empeschez en une guerre que le roy Charlemaigne faisoit contre les Sesnes[4] qui estoient entrez au pays de France parquoy ilz n'y peurent venir. Et adonc le roy d'Angleterre print conseil d'assaillir Richard Sans Paour et luy manda qu'il avroit a luy bataille au deça de la ville de Dieppe et environ vingt lieues de quoy le duc fut tres joyeulx et accepta la bataille au mardy ensuyvant. Quant Richard Sans Paour vit que le mardy approchoit, il commanda que chascun fust en armes prestz et appareillez pour combatre, et aussi firent ilz, entre lesquelz estoit le conte de Mortaigne et le conte d'Alençon qui ses hommes estoient. Et alors tous furent en armes et en blancs haulbers. Richard se remua de l'abbaye de Fescamp ou il estoit, et luy avec son armee marcha au devant du roy d'Angleterre bien deliberé de le combatre. Et quant les deux armees approcherent l'une de l'autre, Richard s'advança de chevaucher le premier devant ses gens en les laissant soubz la conduyte des contes d'Alençon et de Mortaigne. Le roy d'Angleterre menoit la bataille et le conte de Northobellande l'avantgarde et le conte de Wicestre conduysoit l'arrieregarde. Le duc Richard qui alloit devant son armee se print fort a chevaucher par telle maniere qu'il les va eslonger pres de trois fois le trait d'ung archier. Lors regarda par devant luy et il voit ung chevalier noir a merveilles. En ung grant val trouva Richard le chevalier lequel il regarde hault et bas, mais il le vit luy et son cheval plus noir que une meure et les dentz avoit plus blanches que neige ne cristal. Le noir chevalier dont je vous compte estoit Brundemor le dyable que autresfois avoit ésposué Richard, lequel dyable ainsi mué * en guise de chevalier s'adressa au duc Richard lequel il salua et luy dist: "Sire duc, je suis ung souldoyer qui suis venu vers vous pour guerroyer voz ennemys. S'il vous plaist me te tenir, je ne vous en demande rien, et si vous me verrez mettre tous voz ennemys en exil et en fuyte pourtant que me vueillez promettre que si jamais me sourd * aucune guerre ou discorde que pareillement vous me ayderez se j'ay affaire de vous." Et Richard tout le convenant luy accorda, puis luy demanda: "Com-

---

[4] *une guerre ... contre les Sesnes* — a reference to the lost version of *La Chanson des Sesnes* which predated that of Jehan Bodel and in which Roland was the chief character.

ment avez nom?" Et le noir chevalier respondit: "Je ne le vous celeray point. On m'appelle Brundemor. Ne vous doubtez de rien, car quant nous serons en la bataille ja homme ne vous assauldra que je ne le occie de mon espee." Or avra Richard le dyable en son ayde, lequel, quant il le vit ainsi armé et le vit plus noir que encre destrempee, il ne pensa jamais que ce fust le dyable qui avoit esté sa femme par sept ans. Le duc Richard luy commanda tout son ost a conduyre lequel en print la charge, et ce pendant arriva la bataille du roy d'Angleterre. Le noir chevalier qui l'ost conduysoit des Normans fist sonner les trompettes et entra en la bataille. Lors se fiert parmy les Anglois, et les Normans apres, et en son arriver en rua plus de vingt mors par terre. Chascun des Normans abbatit le sien en la bataille, et Richard qui dedans estoit rencontra le roy d'Angleterre si jousterent ensemble, et Richard qui eut forte lance et royde donna tel coup ou roy qu'il le navra au costé et l'abatit emmy le champ et n'eust esté que le roy Astolpho avoit de bonnes armes il eust esté a celle heure occis. D'autre costé le noir chevailier fist tant par ses proesses qu'il desconfist tous les Anglois et les mist tous en fuyte, et semblablement s'en fuyt le roy d'Angleterre quant il vit ainsi ses gens desconfire par le corps d'ung chevalier. Bien dient tous les Anglois que le noir chevalier estoit fort preux et estoit impossible a creature de faire ce qu'il faisoit se ce n'estoit ung dyable. A ce jour s'en retuornerent les Anglois tous fuyans vers la mer pour entrer en leurs nefz, et, quant Brundemor les vit ainsi fuyr, il leur escrie tant com il peut: "S'il y a aucun qui d'amye soit garny et qui ayme par amour si se retourne vers moy et me livre deux coups de lance et combate a moy a l'espee." Mais nul d'eulx ne retourna ains laisserent toutes leurs tentes et pavillons par dessus les larris et les champs en s'en retournerent tous confus en leurs pays. Le dyable Brundemor adonc s'en vint vers le duc Richard et luy dist: "Sire, ay je bien faict a vostre gré? Ne me suis je pas en vostre guerre loyaulment esprouvé? — Ouy, dist Richard Sans Paour, vous estes preux et hardy et m'avez faict grant honneur et courtoysie et bonté, et s'il advenoit chose que l'on vous voulsist grever en toutes les batailles ou mander vous me vouldriez, tant comme pourray durer pour vous m'iray combatre. — Sire duc, dist Brundemor, je m'en attens bien a vous." Lors s'en sont departis d'ensemble. Brundemor se mist a chevaucher tant comme il peut et s'en entra en la forest, et Richard avec les aultres ducz, contes, barons et chevaliers normans s'en retourna en son ost ou chascun fut fort joyeulx que les Angloys avoyent esté desconfitz. Puis apres s'en alla le duc de Normandie a Rouen et donna congé a tous ses gens et compta a la duchesse sa femme la desconfiture des Angloys, mais de ce que son pere estoit blessé fut elle fort marrie, et joyeuse aussi de ce qu'elle estoit avec son mary demouree.

15. *Comment Richard suyvit le dyable Brundemor en une forest qui l'estoit venu querir de nuyt.*

Le compte dit que troys jours apres la bataille Richard Sans Paour manda tous ses veneurs et dist qu'il voulloit aller chasser es forestz, car grant desir en avoit. A son mandement vindrent tous les veneurs qui admenerent les chiens dont il avoit largement, mais Richard qui vit ses chiens navrez demanda aux veneurs qui avoit navrez ses chiens et ou ilz avoient esté, et ses veneurs luy respondirent: "Certes, Cher sire, es boys de Ricquebourg y a ung grant porc sanglier qui est aussi blanc que ung cigne contre lequel ne vient chien courant ne levrier, que si attaindre les peult, qu'il ne les navre ou occie." Quant Richard ouÿt ces motz, il fut moult aÿré et dist, que s'il peult nul trouver qui le porc luy enseigne, qu'il le chassera tant en la forest qu'il sera prins et l'occira, mais pour neant s'en met il en peine, car point ne le chassera pource qu'il conviendra a Richard suyvre le noir chevalier qui querir le viendra, et aussi ne le debvoit pas Richard prendre par ce que le porc estoit faé. Gloriande et Ayglantine furent deux faees demorans es forestz de Normandie en ung beau manoir qu'ilz avoyent enclos d'air, dedans lequel manoir ilz nourrissoyent ung beau porc sanglier aussi blanc que ung lyz, et moult l'aymoyent pource qu'il estoit si beau. Si advint d'aventure que le porc eschapa de l'hostel des faees et oncques puis ne le sçeurent faire rentrer. Et pour le courroux qu'ilz en eurent ilz destinerent le dict porc que jamais ne seroit prins d'homme vivant s'il n'estoit duc de Normandie engendré d'ung Sarrazin et d'une Crestienne, pensant que ce ne pourroit advenir, mais si fist, car Guillaume Longue Espee, duc de Normandie, le print et occist, lequel fut engendré de Rollo, premier duc de Normandie, yssu des Dannoys, lequel estoit Sarrazin et l'engendra en la fille d'ung duc laquelle estoit crestienne. Et pour ceste cause ne le debvoit pas Richard prendre, car il n'estoit pas engendré d'ung Sarrazin et d'une Crestienne, ains estoit filz de Robert le Dyable pour l'amour duquel et du nom de dyable qu'il portoit, les ennemys d'enfer en estoyent courroucez et ne desiroyent aultre chose que de decepvoir le noble et vaillant Richard son filz comme vous orrez. La chasse adonc que le duc Richard avoit entreprinse du porc faé fut mise en respic jusques au lendemain. Adoncques s'en alla coucher le vaillant duc Richard en l'abbaye de Fescamp et print congé de la duchesse pour estre plus tost prest au point du jour. Et quant ce vint entour minuyct qu'il gisoit dedans son lict, a luy se presenta Brundemor le dyable qui avoit esté sa femme, et estoit Brundemor atourné en guyse d'ung tres noble chevalier armé de toutes pieces, lequel dist a Richard: "Sire duc, laissez le sommeiller, il vous fault appareller de venir avec moy comme vous le m'avez promis si vous ne voulez estre appellé mensongier et couard — Couard, respondit Richard, et pourquoy le seroye? Pour quelque chose que je voye je n'avray paour ne des mors ne des vivans, et si ce me seroit grant reproche se je vous failloye au besoing, car, Dieu mercy, vous me aydastes a mon affaire." Le duc Richard Sans Paour se va lever et armer de haulbert, espaulieres, jambes et bras de fer, et mist son heaulme en sa teste, et dist qu'il ne craignoit estour ne bataille, et le noir chevalier respond: "Sire, avant qu'il soit jour je vous meneray en tel lieu que vous avrez paour. — Bel amy, dist Richard, ne dis pas cela, car onques puis que je fuz né je n'euz paour. — Par mon chef, ce dist l'ennemy, devant que le jour soit venu et esclarcy vous avrez paour si vous faictes vostre devoir de venir avec moy. — Ouy pour vray, dist le duc, je veulx aller sçavoir si tu mentiras ou si tu diras verité que homme tant soit de grant povoir ne me fera ja paour." Alors s'en allerent Richard Sans Paour et le dyable ensemble lesquelz bien tost apres s'en entrerent en une forest ou ilz trouverent douze [cens][5] chevaliers qui noblement se attournoient pour commencer guerre. Et Richard alla dire au noir chevalier: "Sire, dictes moy qui sont ces chevaliers armez parmy ces

---

[5] Cf. v. 629 of *Le Romant de Richart* where the context also calls for the same emendation.

champs qui sont icy pres de nous en ceste forest. — Sire, ce dist le dyable, devant qu'il soit jour je croy que par eulx vous avrez effray et grosse craincte."

16. *Comment Richard Sans Paour commença la bataille pour Brundemor contre Burgifer qui luy detenoit la seneschaussee d'enfer.*

Ainsi comme le duc et le dyable s'en alloient devisant ensemble atant va venir ung escuyer parmy la forest criant: "Brundemor, ou es tu? Que tardes tu si longuement que tost ne nous ameine ton chevalier qui pour toy doit faire la bataille? Burgifer est venu qui est ton adversaire auquel tu veulx faire tort de ce qui luy appartient. Si tu n'es bon champion et fort, saches qu'il te fera souffrir coups de son glaive." Quant Brundemor l'escuyer l'ouÿt ainsi parler, incontinent se alla presenter luy et Richard Sans Paour devant le roy d'enfer et luy dist: "Sire roy, nostre maistre, je suis tout prest de mostrer que Burgifer me veult desheriter a tort de ma seneschaussee que vous m'avez donnee par ung chevalier de la contree de France qui oncques n'eut paour de creature du monde, lequel j'ay trouvé, et pour moy se combatra en bataille ordonnee contre Burgifer jusques a oultrance." Le roy d'enfer estoit assis en une chaire toute noire au pied d'ung orme large et spacieulx de branches. De veloux noir estoit vestu et avoit la face moult horrible a regarder, et autour de luy avoit grant nombre d'esperitz tous noirs, les ungs armez et les aultres non. Et quant le dit roy d'enfer eut ouÿ parler Brundemor, il luy dist: "Or allez et vous delivrez de la bataille. — Sire, dist Brundemor, ainsi que le commandez il sera fait." Le duc Richard Sans Paour fut prest et garny de ses armes et entra en plain champ contre le dyable Burgifer. Et quant il fut armé, a cheval monté et la lance au poing, il regarda hault et bas parmy la forest ou il vit grant nombre de dyables dont point ne s'effraya. Ce non obstant jamais ne pourra eschapper de la place, ains luy fauldra combatre ung des plus fors dyables de tous ceulx d'enfer. Burgifer qui estoit prest et estoit entré au champ print sa lance et s'en vint contre Richard et Richard contre luy, et au joindre que ilz firent se entredonnerent si durs coups que le feu tressaillit tout ardant de leurs escus et vollerent leurs lances par tronssons* emmy les champs, mais point ne furent abbatuz par terre. Quant les deux lances furent rompues, ilz tirerent leurs espees desquelles ilz chapplerent * si longuement sur les heaulmes d'acier que moult ilz lasserent leurs bras a ferir grans coups l'ung sur l'autre. Quant le dyable Burgifer sentit les coups du duc Richard Sans Paour il luy dist: "Sire, je suis tout esbahy comment si fol ne si hardy vous avez esté de oser venir en ceste place icy. Oncques homme n'y vint que il n'y perdist la vie, et aussi je vous certifie que vous la perdrez. — Amy, ce dist Richard, je ne te crains en nulle maniere. Fais du pis que tu pourras et point ne te fainctz. — Sire, dist Burgifer, entendez moy ung peu. Je vous prie et requiers que vous me dictes si vous sçavez point qui est ce chevalier pour qui vous combatez. — Par ma foy, dist Richard, je le congnoys voirement et est moult vaillant homme puissant et fort, et si n'y a pas trois jours que je luy vis faire de grandes proesses en sorte que je croy que je fusse demouré mort au champ se il ne m'eust bien aydé en ma bataille. — Duc, respond Burgifer, comment as tu si folle pensee? Saches pour vray que c'est ung dyable pour qui tu te combas, et tous ceulx que tu voys contreval * ce pré sont tous dyables." De parolle que die l'ennemy ne mua Richard la face, mais respondit a Burgifer: "Je croy bien pour m'effroyer que tu dis ces parolles lesquelles sont toutes plaines de mensonges. — Par mon chef, dist Burgifer, je ne mens point de ce que je vous ay dit, car il y a long temps que ce dyable pour qui vous combatez se vanta present moy en enfer qu'il vous feroit de grans tourmens et si durs a souffrir que il vous feroit yssir hors du sens, et, pour la cause que estes renommé d'estre hardy et que jamais n'aviez eu paour, se vanta Brudemor qu'il vous feroit avoir paour au cueur, ce qu'il a fait ainsi que je voy. — Tu en mens, dist Richard, car oncques je n'euz paour en mon vivant. — Non? respond Burgifer, tenez vous ung peu et m'escoutez et vous sçavrez se vous n'eustes jamais paour. Ne vous souvient il pas que quant une nuyt vous chevauchiez parmy une forest que ung grant troppeau de huas vint voller par dessus vous et, quant ilz se prindrent a huer, vous huastes avec eulx? C'estoient tous dyables que Brundemor y avoit menez par sa faulseté pour vous getter hors du sens. Et quant il vous demanda qui c'estoit qui avoit hué, vous fustes si effroyé que rien ne respondistes. La grant paour que vous eustes vous fist en ce point crier avec eulx, et adonc vous eustes paour et craincte, vous ne le povez celer. De si grande hardiesse n'estes vous pas comme je vous ay ouÿ vanter, et si je vous feray recorder et remembrer d'autres paours que vous avez eues. Semblablement je sçay bien que vous eustes paour quant vous entrastes en la chappelle et trouvastes ung homme mort gisant en une biere qui vous vint par derriere embrasser et luytastes * a luy. D'autre part vous ne povez nyer la paour que vous eustes la nuyt que vous allastes veiller vostre femme au boys en la chappelle laquelle vous envoya querir de l'eaue en une fontaine et quant vous revinstes vous trouvastes vostre chevalier estranglé. Sire duc, dist Burgifer, la femme que vous aviez espousée, c'estoit ce grant dyable pour qui vous combatez a moy en bataille rengee." Quant le duc Richard Sans Paour entendit ces motz, il pensa en soy mesmes et dist: "Par ma foy, ce dyable icy me dit la verité! Il me sçet bien rementevoir toutes les adventures et fortunes que j'ay eues." Le duc alors demanda au dyable: "Comment povez vous sçavoir tout ce qui se faict au monde? En avez vous la puissance? — Ouy, dist Burgifer, par le congé de Dieu nous sçavons tout ce que font ceulx qui vivent en peché, mais aussi tost que ilz s'en sont confessez et purgez devant le prestre, nous avons tout oublié et n'en sçavons plus rien. — Burgifer, dist Richard, je te prie or me dy: ce dyable Brundemor pour qui je me combas, est ce le faulx dyable que je espousay en quise de femme et a qui je fus mary par sept ans? — Ouy, dist Burgifer, pour pure verité c'est ceste la que vous baillastes sept ans a nourrir en la forest. — Par mon chef, dist Richard, tu me racomptes icy de grandes adventures et me metz en grant esbahyssement, mais encore luy vint il de nature assez franche quant il me vint l'autre jour ayder en ma guerre que les Anglois estoient venuz en mon pays pour le conquester, car en iceluy jour fist de si grandes proesses sur mes ennemys que ilz ne peurent riens sur moy gaigner, et par la courtoysie qu'il me fist celuy jour je vouldray contre toy ma bataille achever que nous avons commencee. Or te garde de moy, dist Richard, car je sçay ung tel tour que je te feray souffrir moult de peine." A ces motz commenca le duc a fraper de toute sa puissance sur l'ennemy et le ferit de durs et aspres coups sur la teste du branc d'acier, mais onc il ne luy sçeut mal faire en quelque maniere que ce fust, et Burgifer, qui pas ne l'espargnoit d'une espee rouge qu'il tenoit, de toute sa puissance ramenoit sur le duc par si grant force qu'a peu pres qu'il ne fust estourdy des coups qu'il recepvoit.

17. *Comment Richard conquist Burgifer qui luy cria mercy.*

Ces deux champions qui ainsi aygrement se combatoyent furent fort eschauffez l'ung contre l'autre. Richard pour coups qu'il sçeust donner ne povoit endommaiger Burgifer pourquoy il print a dire: "Comment, faulx dyable Burgifer, tu es plus dur que fer ne acier! Je croy que dedans enfer tu as fait forger tes armes, car pour puissance que j'aye je ne les puis entamer *. J'ay assez frapé de tous costez, mais nullement n'y entre ma bonne espee. Je ne sçay quel dyable t'a donné ces armes. Que pendu soit celluy qui les a forgees!" Burgifer de toute sa force frappoit sur le duc, mais combien qu'il ferist de durs coups sur luy non pourtant ne luy peust il forfaire en son corps, car Dieu ne vouloit pas qu'il luy fisse nul mal. Entre eulx deux fut l'estour fort et desmesuré, ce nonobstant Richard n'eust jamais conquis l'ennemy par force s'il ne se fust advisé du pommeau de son espee en laquelle estoit enchassee mainte digne relicque. Lors commença Richard Sans Paour a ferir du pommeau de son espee sur le heaulme rouge du dyable Burgifer et luy donna tant de coups tout d'ung randon qu'il luy fist desrompre et briser toutes ses armes par pieces. Et pour ceste cause fut Burgifer en grant esbahissement et, voyant la puissance du noble et vaillant chevalier Richard de Normandie qui luy faisoit ainsi sentir les coups du pommeau de son espee, incontinent il luy alla mercy requerir en luy disant: "Sire duc, je vous prie que ne me vueillez plus ferir, car des playes que vous me faictes ne me pourroit nul homme guerir. Tres voulentiers je me rens a vous, car raison le veult." Quant Richard l'entend ainsi parler il luy escria: "Si tu veulx que je te laisse en paix, rends a Brundemor la senechaussee d'enfer que tu luy avoys faulcement par force ravye. — Sire, dist Burgifer, par vostre commandement je m'en dessaisis et luy rends l'office devant voz yeulx que jamais rien n'y demanderay. Adonc Richard et l'ennemy furent d'accord ensemble et Richard le vaillant baron alla appeller Brundemor qui s'enclina devant luy, et le remist en saisine * de sa seneschaussee que Burgifer luy voulloit tollir par force. "Brundemor, dist Richard, il m'en convient aller puis que j'ay du tout achevee la bataille. Je ne veulx

plus demourer icy, et pourtant monstre moy le chemin et la voye
pour m'en retourner. — Sire, dist Brundemor, a vostre commandement, car je y suis plus tenu que vous ne povez penser pour ce
que vous jadis me fistes nourrir petit enfant par sept ans et depuis
fus vostre femme espousee. — Tant suis je, dist Richard, plus courroucé quant ung dyable m'a deceu et trahy. Or je te prie par amour
que plus tu ne me temptes ne ne me faces plus nulle peine, et t'en
retourne arriere dont tu es party. Assez m'as tu convoyé." Apres
qu'ilz eurent prins congé l'ung de l'autre, Brundemor le dyable
se partit de Richard en s'en retournant de la ou il estoit venu et
s'en entra en la forest, et Richard qui moult estoit esbahy de
l'adventure chevaucha tant qu'il arriva en la ville de Rouen le soir
du jour d'apres qu'il en estoit party, et s'en vint tout droit descendre au pallays ou il fut joyeusement receu de la duchesse sa
femme qui nagueres venoit de soupper et attendoit le duc son
mary a grant mesaise de la grant p[a]our[6] qu'elle avoit de luy
qu'il n'eust aucun mal, mais, quant elle le vit revenir, elle fut moult
joyeuse et luy fist grant feste. Le duc fut tantost mené au soupper, car il n'avoit mengé depuis le jour de devant et compta a sa
femme toutes ses adventures.

18. *Comment le roy Charlemaigne manda tous ses barons pour
aller secourir la Terre Saincte, et du duc Richard qui y vint
en habit descongneu et abbatit tous les chevaliers de la court
a la jouste.*

Cependant que le duc de Normandie sejournoit a Rouen, nouvelles
vindrent en France que les Sarrazins et infidelles de la foy avoient
prins la saincte cité de Hierusalem et occupoient la Terre Saincte,
et manda ces nouvelles le patriarche de Hierusalem au roy Charlemaigne, en luy priant qu'il la vint secourir. Charlemaigne, roy de
France et vray pillier de la foy, obtempera* a son mandement et
envoya messagiers et heraulx par toutes les provinces faire assavoir
aux princes ces nouvelles et que ilz se rendissent a Paris avec tant
de combatans qu'ilz pourroient trouver, ce qu'ilz firent, mais
pource que ce n'estoit point ma principalle matiere, je ne me vueil

---

[6] The reading *pour* is probably a printer's error, but it is just possible
that it reflects the reading of the source material.

pas arrester a ce, ains diray d'une belle adventure d'armes qui advint au duc Richard Sans Paour. Vray est que entre les autres princes vers qui les messagiers arriverent le duc de Normandie en fut l'ung, lequel tout aussi tost qu'il le sçeut respondit au messagier que il se trouveroit devers le roy le plus tost que il pourroit. Adonc Richard de Normandie manda tous ses hommes, comme les contes de Mortaigne et d'Alençon, le conte de Caen et les autres principaulx soubz lesquelz il envoya deux cens chevaliers devers Charlemaigne en luy mandant qu'il se trouveroit bien tost devers luy. Et apres qu'ilz furent partis que lors ilz povoient bien estre a Paris, le vaillant Richard par ung matin se para d'unes riches armes dorees et aussi d'ung escu doré sans autre congnoissance. Puis monta a cheval et print ung escuyer avec luy pour porter son glaive et son heaulme, et s'achemina devers la ville de Paris, et tant chevaucha que a ung soir bien tard il arriva en la forest royale que on appelle maintenant le boys de Vincennes et la se herbergea en ung hermitage qui y estoit jusques au jour. Et quant le matin fut venu, le duc Richard Sans Paour fist richement acoustrer * son escuyer d'ung habit tout blanc qui moult estoit beau a regarder et l'envoya devers le roy Charlemaigne. L'escuyer fut diligent si entra dedans Paris et s'en vint tout droict en la court devant le roy et tous ses barons et commença a dire tout hault si que chascun le peut bien ouÿr: "Cher sire, a vous m'envoye ung chevalier armé d'armes dorees, qui se tient dedans la royalle forest, vous annoncer que pour la bonne renommee des chevaliers de vostre court il est venu en ce pays, et, sachant que maintenant ilz sont tous en vostre court, il vous mande que si c'est vostre bon plaisir de luy en envoyer aucuns ausquelz il joustera sans plus d'une lance pour essayer se ilz sont de telle valleur comme on dit." Et ainsi luy avoit commandé dire le duc Richard qui ne vouloit pas estre congneu et vouloit essayer la force des barons de France. Le roy Charlemaigne fut fort joyeulx de ces nouvelles et fort s'en esmerveilla. Et Olivier, conte de Vienne, qui entendit ces parolles respondit a l'escuyer: "Mon amy, allez dire a vostre maistre puis qu'il a si grant desir de jouster que tantost il trouvera chevalier en la royalle forest auquel il se esprouvera, et que il se tienne tout asseuré de la jouste." L'escuyer sans plus faire d'arrest s'en retourna devers le chevalier doré auquel il racompta comment Olivier devoit venir a luy jouster dequoy il fut tres joyeulx. Et Olivier s'en alla incontinent armer de toutes pieces et monter a cheval et print une forte lance, puis print congé du roy, et mena avec luy ung escuyer. Lors sortit de Paris et se mist en chemin vers la forest royalle le dont il n'y avoit que une petite lieue de Paris, et quant il fut en la forest il alla trouver Richard Sans Paour tout prest a combatre. Les .ii. vaillans chevaliers qui s'entrevirent ne firent plus d'arrest et laissent courir leurs chevaulx comme fouldre l'ung contre l'autre, et, quant ce vint aux lances baisser, Olivier assena Richard par le costé de toute sa force et rompit son glayve. Richard fut fort esbranslé du coùp et frapa Olivier sur son escu de telle roydeur qu'il le fist cheoir les jambes contremont sur l'herbe, et, apres qu'il eut fait son poindre, il se mist au plus espés de la forest. Le duc Olivier a chef de piece qui estoit estourdy du cheoir se releve et cuidoit bien trouver le chevalier qui l'avoit abatu pour se venger, mais, quant il ne le vit plus, il s'en retourna devers le roy Charles auquel il racompta son adventure, et quant Ogier sçeut que Olivier avoit esté abbatu il dist qu'il essayera la prouesse de l'estrange chevalier. Lors s'arma tout prest a combatre et monta a cheval et s'en entra en la royalle forest en laquelle il trouva Richard tout prest comme devant. Si laisserent courre l'ung contre l'autre, et Ogier frappa Richard de telle force qu'il en convint au cheval de Richard tomber de jambes de derriere, mais incontinent se releva a tout son maistre, et Richard frapa Ogier sur son escu et glissa la lance sus son haulbert de telle puissance que le glaive brisa, et ne peut tenir Ogier sur son cheval, ains cheut tout estourdy a terre. Quant Richard eut veu tomber Ogier tout aussi tost se mist au parfond de la forest si que plus ne fut veu, et Ogier, apres qu'il fut a cheval remonté, comme tout esbahy* retourna a la court. Olivier qui le vit venir tout pensif luy demanda comment il avoit ouvré avec le chevalier, et Ogier luy respond: "Certes, Beau cousin, nous ne nous mocquerons point l'ung de l'autre, car aussi bien ay je esté abatu que vous." A ces motz arriva le vaillant Roland qui aux premieres nouvelles n'estoit pas en court et demanda que c'estoit, et on luy compta toute l'adventure du chevalier doré. Lors jura Roland qu'il iroit essayer s'il estoit fort comme on disoit. Si se fit armer et print une lance et monta a cheval et yssit de potis*. Au meilleu de la royalle forest qu'on dit le boys de Vi[n]cennes alla trouver Richard qui s'estoit garny d'une forte lance. L'ung contre l'autre laisserent courir leurs chevaulx et au joindre qu'ilz firent Roland frapa Richard si fort qu'il convint renverser par derriere sur la selle de son cheval et, n'eust esté qu'il se tint royde, il fust cheu a terre, mais Roland par la puissance du chevalier doré cheut luy et son cheval tout en ung mont par terre, et Richard comme il avoit a coustume s'en entra au meilleu de la forestz. Roland a l'ayde de ses escuyers fut remonté a cheval et revint a Paris moult dolent. Quant le roy Charlemaigne sçeut que son nepveu Roland avoit esté abbatu, il fut fort esmerveillé qui estoit le chevalier estrange qui ainsi menoit ses barons. Apres y alla Salomon, roy de Bretaigne, moult bien armé, qui comme les aultres fut abbatu du cheval a terre et ne se povoit relever, car il s'estoit desnoué une cuysse parquoy il fut emporté de ses escuyers ainsi navré qu'il estoit dedans la ville. Guy, duc de Bourgongne, s'arma apres les aultres et alla jouster contre Richard qui felonneusement l'abatit par terre. Thierry d'Ardaine monta a cheval apres Guy de Bourgongne qui s'en revenoit a tout sa courte honte, puis s'en alla tout droit en la royalle forest ou il jousta contre la vaillant Richard auquel il fit une playe au bras. Non pourtant fut il abbatu du cheval comme les aultres et moult estoyent esbahys les barons qui estoit cestuy chevalier. Puis alla jouster contre luy Regnault de Montauban qui fut abbatu comme les aultres moult durement. Semblablement se presenterent au chevalier Guerin, duc de Lorraine, Geoffray, seigneur de Bourdeloys, Hoël, conte de Nantes, Lambert, prince de Brucelles, Basin de Beauvais, Godefroy de Frise, Sanson de Picardie, Lamoureulx de Galles qui tenoit le lieu de Astolpho, roy d'Angleterre, Riol du Mans, Naymes, le bon duc de Bavieres, lesquelz tous les ungz apres les aultres allerent jouster au preux et vaillant duc Richard Sans Paour qui les abbatit a grans coups de lances des chevaulx a terre. Et quant les barons eurent esté ainsi abbatus, ilz s'en retournerent a Paris devers le roy Charlemaigne moult esmerveillez de l'adventure et qui estoit le chevalier qui les avoit ainsi formez. * Le roy mesmes fut moult esbahy et delibera d'aller jouster au chevalier ce qu'il fit au desavouement * de ses enfans. Tant chevaulcha le roy Charlemaigne que il arriva en la forest, et Richard, qui sçeut par une espie que le roy Charlemaigne venoit a luy jouster, fut moult joyeulx. Le roy et le duc furent l'ung devant l'autre et picquerent les chevaulx des esperons, et quant ce vint au joindre Charlemaigne rompit sa lance sur Richard. Et le vaillant chevalier gecta sa lance a terre et s'enclina devant luy et ne le voulut point frapper. Puis au roy se fist a congnoistre en luy disant qu'il ne luy despleust de ce qu'il avoit abbatu ses chevaliers, et le roy, qui fut moult esbahy quant il dit que c'estoit le duc de Normandie, luy respondit qu'il en estoit bien joyeulx et que bien estoit vray ce qu'on disoit de luy qu'il estoit le plus vaillant chevalier du monde. Le roy et Richard s'en allerent a Paris ou ilz furent receuz a grant joye de tous les princes, lesquelz saichans que c'estoit le duc Richard a qui ilz avoyent jousté le tindrent a grant merveilles de ce qu'il s'estoit ainsi celé et le remercient. Et huyt jours apres que tous les gens d'armes furent assemblez a Paris et que les princes furent venus, ilz povoyent estre environ cent mille hommes. Le roy Charlemaigne print son chemin vers Hierusalem pour la conquerre sur les Turcs, et toujours estoit le duc Richard de Normandie en sa compaignie qui y fist de moult belles conquestes et prouesses ainsi qu'il est escript en l'histoire de Fierabras [7] bien amplement, et print le roy Charlemaigne Hierusalem sur les Turcs par le moyen du duc Richard ainsi qu'on trouve es anciennes hystoires, [8] et tousjours estoit Richard des premiers. Puis apres la dicte conqueste, le roy et tous ses barons retournerent chascun en leurs pays en tout honneur et lyesse. *

19. *Comment le duc Richard par ung esprit fut en danger d'estre noyé.*

Apres le retour de Richard Sans Paour d'avec le roy Charlemaigne en son pays, nouvelles luy vindrent d'Angleterre que le pere de sa femme, roy dudit pays, estoit trespassé. Lors luy vint en voullenté d'aller soy faire couronner roy d'iceluy royaulme et passer la mer a plains voilles avec grande seigneurie et baronnie. Douze navires fist aprester et equipper de toutes choses necessaires pour partir le premier jour du moys de may. Quant tout son apareil fut prest, ilz monterent aux navires au son des trompettes, c'est

---

[7] *Fierabras* — Richard certainly figures in *Fierabras,* but hardly justifies our author's claim that *y fist de moult belles conquestes et prouesses ainsi qu'il est escript en l'histoire de* FIERABRAS *bien amplement.*

[8] *et print le roy Charlemaigne Hierusalem sur les Turcs ... ainsi qu'on trouve es anciennes hystoires* — There is no extant *chanson de geste* to which this description can apply, but constant references such as this one imply that some such work did exist at one time.

assavoir Richard San Paour avec aulcuns de ses principaulx en ung navire, le conte d'Alençon en ung aultre avecques cent chevaliers, le conte de Caen en l'aultre avec cent aultres chevaliers, et es aultres neuf navires plusieurs seigneurs et chevaliers de France, de Picardie, de Normandie, et beaucoup d'Angleterre qui estoyent venus querir leur seigneur Richard. Quant ilz furent loing de terre sur la mer le navire de Richard Sans Paour alloit devant passant et traversant les undes. Au bout de deux jours l'air se troubla, la mer s'enfla et tempestes leverent qui eslongnerent les navires les ungs des aultres. Le navire du duc Richard vaguoit par la mer entre les tempestes par lesquelles il apperceut voguant sur la mer ung petit navire, quasi tout brisé de la tourmente, qui venoit flotant vers luy. Dedans celluy navire estoit une tres belle dame richement acoustree a la mode royale qui moult se doulousoit et desconfortoit en crient piteusement: "Ha! Malheureuse et dolente que je suis d'avoir ainsi perdu mes amis que j'ay veu noyer et perir devant moy et mesmement mon frere charnel qui estions nous deux seulz enfans de nostre pere. Las! Que dira il quant on luy rapportera la mort de son enfant et l'exil de moy, son unicque fille." A ces motz approcha le navire d'icelle dame pres de celluy du duc qui bien entendit les parolles qu'elle avoit dictes. Et quant Richard la veit si plaine de grant beaulté que pitié luy en print, lors luy demanda qui elle estoit et la cause de si grant courroux. "Ha, dist elle, Sire, secourez moy, je vous prie, et me mettez en vostre navire. Ayez pitié de moy! Je suis fille du roy d'Espaigne. Mon pere m'envoyoit avec ung mien frere devers le roy d'Escoce qui me devoit prendre en mariage, mais par la tourmente de la mer nostre navire a esté rompu et ung mien frere noyé avec cinquante chevaliers qui m'acompaignoient. Je vous pry, Sire, qu'en l'honneur de noblesse vous me saulvez la vie." Richard Sans Paour incontinent d'elle se approcha et la mist dedans sa navire, et tantost la navire rompit et s'en alla par mer courant comme vent tant qu'ilz en perdirent la veue. La dame fut par le duc Richard reconfortee tout au mieulx qu'il peut, et a la fin la navire a tout Richard et la dame par les tempestes arriva en Italie pres la ville de Gennes, et a ceste heure la dormoit Richard en sa navire pour les tourmentes que il avoit souffertes. Ainsi que il estoit dormant, la navire une lieue loing de Gennes, gresle et tonnoirre * avec fouldre cheurent sus le navire qui tout l'enfondra et occist tous les chevaliers et ceulx qui y estoient excepté le duc Richard de Normandie lequel par le vouloir de Dieu fut saulvé, car il se esveilla et se saulva sus une table dessus laquelle il dormoit. Et quant il fut esveillé, flottant pres et loing de luy ses chevaliers dont les ungs estoient mors et les autres tiroient a la fin, mais de la dame il ne vit aucune appercevance, car elle s'estoit de la esvanouÿe. Et sachez certainement que c'estoit Burgifer, ung mauvais esperit et dyable contre qui le duc Richard s'estoit paravant combatu, et ne taschoit celuy dyable que a le decevoir et faire perir qui pour ce faire s'estoit transfiguré en forme et semblance de femme pour le faire noyer. Mais Dieu qui garde ses amys le saulva et garda, car Richard avec la table arriverent en une isle loing de gens sur la terre de laquelle il se mist en grant peine.

20. *Comment Richard fut porté par les mauvais esperitz a Saincte Katherine du mont de Sinay.*

Le compte dit que, quant Richard fut arrivé en ceste isle, il fut tres esbahy, et non pas que il eust paour ne craincte. Adonc s'approcha la nuyct tres obscure pour la quelle cause ensemble * le long travail il s'endormit sur la dicte isle. Ainsi qu'il dormoit Burgifer le noir dyable qui moult estoit courroucé de ce que Richard luy estoit ainsi eschappé, vint au lieu ou il dormoit et amena avec luy plusieurs esperitz crians et huans comme toreaulx. Ces esperitz vont tantost prendre Richard en son dormant et en l'air bien hault l'esleverent, mais il dormoit si fort que oncques il ne se remua ne ne sentit qu'on le transportast. Le duc Richard doncques fut prins par Burgifer et les maulditz esperitz et fut porté en l'air toute nuyt en si grande impetuosité qu'ilz l'emporterent devant le jour au monastere de Saincte Katherine du mont de Sinay. Quant ilz l'eurent en ce lieu apporté, ilz le laisserent et s'en fuyrent impetueusement. Et la cause pourquoy ilz l'apporterent la est telle qu'il devoit venir en ce lieu ung chevalier de France qui estoit destiné a aller combatre ung geant qui gardoit ung port de mer en mettant a mort tous les Chrestiens qui alloient en Hierusalem, pensans les ditz esperitz que c'estoit Richard et qu'il seroit du geant occis, mais tout le contraire advint comme vous orrez.

21. *Comment Richard Sans Paour occist le geant qui gardoit le port contre les Chrestiens.*

L'hystoire fait mention que, quant les esperitz eurent apporté le duc Richard, ilz le laisserent cheoir sur le pavé envers si durement que il s'en esveilla, voulsist ou non. Et quant il fut esveillé il se trouva tres esbahy pource qu'on n'y veoit goutte * ne ne vit riens, et lors qu'il se trouva premierement endormy il estoit en une isle ou il vint par fortune de mer. Moult regarda hault et bas, et, quant il eut esté grant piece a regarder, il se leva et advisa une lampe ardante devant l'image Saincte Katherine. S'il fut esmerveillé ne fault pas demander. Il alla plus avant et voit qu'il est dedans une eglise. Lors se mist a genoulx et fist son oraison a Nostre Seigneur en le priant qu'il le gardast et voulsist preserver contre les tentations de l'ennemy. "Nonobstant, dist il, il n'y a dyable ne esperit en enfer contre qui je ne me combatisse." A cest instant il ouÿt une voix du ciel qui luy dist: "Richard, il t'est commandé de Dieu que tu voyses mettre a mort le geant qui se tient au port de Jaffa ou les pelerins chrestiens abordent quant ilz vont en Hierusalem, et prens l'espee enferree a la chaisne de fer de costé l'autel de Saincte Katherine par laquelle comme il est destiné par toy sera le geant occis." Richard entendit bien les parolles de la voix, et quant le jour fut venu il le compta aux religieux de leans * et puis print l'espee enferre[e] bien ayseement, pour laquelle cause les religieux congneurent que ce qu'il leur avoit dit estoit vray, car plusieurs chevaliirs * avoient essayé a deschainer l'espee, mais ilz ne la sçavoient avoir. Richard print l'espee et la tira hors du fourreau si la trouva moult belle et clere et sans nulle tache. Lors print congé de ceulx de leans et se mist a chemin vers le port au geant. Richard, qui fut venu au port de Jaffa, incontinent print ses armes que ung escuyer luy apportoit que les religieux Saincte Katherine avoient envoyé avec luy. Il se arma adonc de toutes pieces et marcha vers le port ou il advisa ung petit logis duquel il vit sortir le geant, qui estoit hault de seize piedz en longueur, qui alloit pannoyant * une grosse et grande massue et la mist sur son col et s'en alloit sur le port quant Richard luy escria: "Payen, tourne toy devers moy et te deffens ou sinon de ceste clere espee que je tiens je te mettray a mort. Combatz a moy, autrement laisse ce port sans plus les Chrestiens persecuter et te fais baptiser.

—Vassal, dist le geant, fais le pareil que tu me demande et renonce ton dieu. Je te feray riche et puissant ou sinon je te feray par ceste massue finer. *" A ceste parolle viennent l'ung contre l'autre bien yrément. Le geant premier frappa sur Richard a tout sa massue ung si pesant coup qu'il luy emporta une partie de son escu et cheut en terre ou elle entra bien parfond, et, tandis qu'il la retiroit, Richard Sans Paour getta son escu derriere luy et le frappa de son espee en telle façon que tout jus luy abbatit le bras dont il tenoit sa massue en terre. Quant il se vit ainsi attourné, il getta ung hault cry et s'en vint vers Richard pour l'embrasser et se lyer a luy pour l'emporter vers la mer, mais le duc sans paour qui sa cautelle * apperceut se recula de luy deux piedz et en se recullant luy bailla tel coup d'espee sur la teste qu'il le fendit jusques aux dentz et cheut tout royde mort a terre. Puis Richard print le corps du geant et a grant travail le porta sus le bout du port et en ce lieu en la mer le getta, puis retourna au lieu de la bataille et la se reposa la nuyt qui fort approchoit.

22. *Comment le duc Richard se fist porter par le dyable Burgifer en Angleterre.*

Apres que la nuyt fut passee lors que le point du jour apparoissoit, le dyable Burgifer qui n'estoit point las de tormenter Richard s'apparut a luy quant il fut esveillé. Ce dyable s'estoit mis en guise d'ung escuyer et dist a Richard: "Richard, tu as eu moult d'ennuy que les dyables d'enfer t'ont procuré. Conforte toy et, s'il te plaist, je te serviray d'escuyer et t'aydera en tes affaires." Richard, qui bien le congneut, luy respondit: "Dyable, je te prie ne me tempeste * plus, mais en l'honneur de Jesus fais moy ung service. — Et quel? dist Burgifer. — Je te supplie, dist Richard, que sans aucun mal me faire tu me portes en Angleterre. — Vrayement, dist Burgifer, pour les vaillances que j'ay en toy veues, je le feray. Bien t'y peulx asseurer, car ainsi je te le prometz." Lors Burgifer chargea le duc sus son col et comme fouldre se print a courir. Tant exploicta par l'air a tout Richard que a une heure apres midy il le posa sur ung port de mer pres Londres en Angleterre, puis print congé de luy, et Richard bien fort le remercia.

23. *Comment Richard fut couronné roy d'Angleterre.*

Richard ne fut gueres sur le port quant il vit vers luy nager plusieurs navires de Normandie qui estoyent de la tempeste eschapees. Quant ilz furent arrivez, ilz congneurent leur seigneur et le saluerent, et luy eulx et leur compta toutes ses adventures. Incontinent prindrent leur chemin vers Londres ou Richard fit son entree moult sumptueusement, et la fut couronné roy d'Angleterre, et sa femme pareillement, fille du feu Astolpho, fut couronnee royne. Les conviz et bancquetz furent grans, semblablement les joustes moult belles desquelles gaigna le pris pour ceulx de dedans le conte de Caen, et pour ceulx de dehors Lamoureulx de Galles. La feste dura quinze jours et, apres qu'elle fut passee, Richard chevaucha par le pays d'Angleterre et receut la foy et hommaige de tous les barons et seigneurs de son royaulme, puis, quant il eut esté ou dit pays l'espace d'ung an, il s'en revint avec belle compaignie en sa duché de Normandie ou il fut receu de ses subgectz ovec * grosse joye et humble obeissance.

24. *D'aulcunes sainctes œuvres du duc Richard et fin de ce livre.*

Depuis que le duc Richard fut revenu il mena tres saincte vie. Bien gouvernoit les povres et ayma saincte eglise. Les ennemys d'enfer le tempterent mainte journee et si eschapa d'eulx sans douleur et sans peine et le garda Jesu Crist de toute tristesse. Il fut moult preux et si hardy que oncques en sa vie il n'eust paour. Le bon seigneur fonda l'abbaye de Fescamp et Sainct Wandrille en Normandie. Il servoit Dieu devottement et fist fonder grant nombre de monstiers et abbayes. Souvent revestoit les povres et leur donnoit a boire et a menger et tant vesquit en ce monde plain de bonnes œuvres qu'il trespassa de ce siecle en l'autre et est en la saincte gloire de paradis comme on peult croire, en laquelle nous vueille conduire Le Pere et le Filz et le Sainct Esperit. Amen.

Je, Gilles Corrozet, simple translateur de ceste hystoire prie a tous lecteurs qu'ilz vueillent suporter les faultes qui y seront trouvees, car il eut esté impossible de le translater nettement pour le langaige corrumpu dont il estoit plain.

Cy fine le rommant de Richard Sans Paour, duc de Normandie. Nouvellement imprimé a Paris par Alain Lotrian et Denis Janot, imprimeurs et libraires demourans en la rue neufve Nostre Dame a l'enseigne de l'escu de France.

* * *

The alternative ending of the Bonfons edition in which it replaces chapter 24.

25. *Comme le duc Richard surmonta les tromperies du magicien Zirfee, lequel lui vouloit faire poeur.*

Le duc Richard, estant revenu de son nouveau royaume d'Angleterre, chevauchoit toutes les nuicts selon sa coustume par les forests obscures esquelles il trouvoit souvent plusieurs embusches que lui dressoient les diables pour le decevoir ou faire craindre, mais toutes fois nonobstant cela il se portoit invincible contre toutes leurs fraudes et entreprinses. De quoy esmerveillé un enchanteur nommé Zirfee; enfin lui print envie d'experimenter sa hardiesse et, pour ce faire, il fit par les diables construire un palais fort magnificque au dedans duquel y avoit par les salles et chanbres plusieurs riches peintures naifvement depeintes, et entr'autres celle d'une Circé enchanteresse,[9] laquelle convertissoit en bestes brutes tous ceux qui en approchoient pour la regarder. Puis en une grand salle au milieu de cet excellent edifice il fit bastir un sumptueux tombeau de marbre blanc et porphire * autour duquel comme colosses il mit douze diables si espouventables et horribles qu'impossible eust esté a l'œil humain de les pouvoir regarder sans mort. Plus, au devant d'icelui y avoit une statue d'albastre tenant en ses mains un escriteau ou estoient escriptes ces parolles: Nul tant soit hardy n'approche de ce sepulchre pour les merveilles grandes qui y sont encloses. Davantage il mit un tableau a l'entree de la porte, lequel sur la vie defendoit l'entree a tous, et bref y mit tant de merveilles qu'il me seroit impossible de les pouvoir reciter. Parquoy les delaissant, je diray que le noble duc Richard, chevauchant une nuict parmi une forest, rencontra ce lui sembloit un chevalier armé d'armes noires, lequel sans dire mot lui vint courir sus et d'une lance dont le fer sembloit estre

---

[9] *plusieurs riches peintures ... et entr'autres celle d'une Circé enchanteresse* — a popular subject for fifteenth and sixteenth century painters. A well-known example is Dosso Dossi's *The Enchantress Circe*, c1517, now in the Borghese Gallery in Rome.

en feu le frappa fort durement parmi son escu tant qu'il commença a bruler avec son harnois, mais le duc, qui cogneust son adversaire, sans s'espouventer autrement tira le reste de son escu et le jetta contre Burgifer, lequel apres il salua d'un pesant coup du plommeau * de son espee qui espouventa tellement le pauvre diable qu'il se mit a fuir au travers du bois pour attirer le duc Richard apres lui, ce qu'il fit, car le duc sans poeur et reproche, le voyant fuir, le poursuivit tant a pointe d'esperons que ils arriverent tous deux devant le chasteau aupres de la porte duquel Burgifer se transforma en la figure d'un geant haut de quinze pieds, ayant une hache entre ses mains dont le fer sembloit estre fort tranchant et afillé, et en cette forme attendit le vaillant duc, lequel, le voyant ainsi transformé, lui donna un tel coup d'espee au travers des cuisses qu'il cogneust que sa metarmophose n'estoit sufisante pour espouvanter le duc. Par quoy derechef il se transforma en griffon, puis en serpent et autres formes espouvantables, et puis enfin, voyant qu'il ne se soucioit pas de ses menees, se disparut, laissant le duc fort esmerveillé de veoir un si beau chasteau en sa terre sans en cognoistre le seigneur. Alors il monta au chasteau, ou les fenestres estant ouvertes il faisoit fort clair de lune, et alla de chambre en chambre admirant les richesses qui y estoient tant qu'enfin il arriva en celle ou estoit peinte Circé l'enchanteresse, laquelle il ragarda fort pour les naifves et belles couleurs dont elle estoit ornee, puis, se doutant ja de l'artifice du diable pour ne trouver personne en ce beau palais, il monta et alla tant de chambre en chambre qu'enfin il arriva en la salle ou estoit le sepulchre et leut le contenu du tableau sans laisser neantmoins d'entrer en la salle en laquelle il apperceut les diables desquels il eust un petit fremissement pour les veoir si horribles. Puis veit la statue et leut son escriteau, lequel lui donna encores plus grand envie de lever la lame et veoir ce qui estoit tant deffendu par iceluy. Par quoy donc s'approchant du sepuchre, il empoigna un diable et le secoua par telle force qu'il le jetta fort rudement par terre, puis tira son espee et du plommeau d'icelle il frappa si rudement les autres que, jettants un hideaux cri, ils'enfuirent et disparurent tous. Et alors Richard regarda la lame qui lui sembloit estre de rubis et la leva a deux mains et veit dedans un serpent fort hideaux, lequel, sautant dehors, lui jetta feu et flamme, mais aussi tost que Richard l'eust touché du plommeau de son espee, auquel comme cy devant est dict estoient enchassees maintes dignes relicques, il disparut. Et lors le duc, voulant sortir de ce lieu, fut esbahi qu'il ne veit plus ny portes ny fenestres ny aucune lumiere fors celle qui procedoit des yeux d'un monstre fort horrible qui le menassoit d'une espee flamboyante. Et lors le duc, cognoissant Burgifer, le conjure par la vertu de Dieu tout puissant qu'il lui monstre la porte, ce qu'enfin Burgifer contrainct fit, puis lui compta l'entreprise de l'enchanteur et la raison pourquoy elle avoit esté faite, dequoy Richard, se mocquant, sortit, et lors le palais magnifique commença a tourner,[10] puis enfin a bruler et devenir encendré, en sorte qu'en peu de temps il n'apparust plus que la plaine raze et unie, dequoy le duc fut fort estonné. Et lors il s'achemina et tant fit qu'il arriva ou estoit la duchesse a laquelle il compta ses aventures, et du depuis vesquit tres saintement vivant avec sa femme en paix et grand amour. Il aima sainte eglise et fonda les abbayes de Fescamp et de Sainct Wandrille et plusieurs autres monasteres et abbayes. Souvent il surmonta les tentations et embusches des ennemis d'enfer, et le garda tousjours nostre seigneur Jesus Christ de toute tristesse et melencholie. Il fut roy d'Angleterre et duc de Normandie, et jamais n'eut poeur ne crainte aucune, et tant vesquit en ce monde remply de bonnes mœurs qu'il trespassa de ce siecle en l'autre et est en la saincte gloire de paradis comme l'on peut croire, en la quelle nous veuille conduire le Pere, le Fils et le Saint Esprit. Ainsi soit il.

FIN.

---

[10] *le palais magnificque commença a tourner* ... — there are many parallels of this phenomenon in mediaeval literature, one of which is vv. 368-91 of the *Pèlerinage Charlemagne*.

LIST OF PROPER NAMES AND PLACE NAMES

Alençon, (le conte d'), 9, Alençon, (Seine-Maritime).
Alix, (la princesse), 12, daughter of Charlemaigne and Berthe au grant pied.
Angleterre, 12, England.
Anglois, 13, *Angloys,* 14, the English.
Astolpho, 12, King of England, father of Clarice.
Ayglantine, 15, a fairy.
Aymon, (les quatre filz), 12, Aymon de Dordogne, father of Renaud de Montauban and his three brothers.
Basin de Beauvais, 18.
Bavieres, 12, Bavaria.
Bauvais, (Basin de), 18.
Berthe au grant pied, 12, wife of Charlemaigne, mother of Alix.
Bertrand, 13, an English knight in Clarice's train.
Blayes, (Roland, conte de), 12.
Bourbon, (le duc de), 9.
Bourdeloys, (Geoffroy, seigneur de), 18.
Bourgogne, (Guy, duc de), 12, Burgundy.
Bretaigne, (Salomon de), 12, Brittany.
Brucelles, (Lambert, prince de), 18.
Brundemor, 1, a devil, wife and adversary of Richard Sans Peur.
Burgifer, 16, a devil, enemy of Brundemor.
Caen (le conte de), 13, Caen (Seine-Maritime).
Circé, 25, Circe, the enchantress of the Oddessey.
Champaigne (le conte de), 9, Champagne.
Charles (roy), 12, Charlemagne, emperor of the West.

Charles Martel, 4, ruler of France, 714-41.
Charlemaigne, 12, Charlemagne, emperor of the West.
Clarice, 12, *Clarice d'Angleterre,* 12, daughter of Astolpho, King of England.
Dammemarche, 12, Denmark.
Dannoys, 12, 15, Danish.
Dieppe, 13, *Dyepe,* 13, Dieppe (Seine-Maritime).
Dieu, 8, God.
Escoce, 19, Scotland.
Espaigne, 19, Spain.
Fescamp, 8, Fécamp.
Fierabras, 18, The *chanson de geste* of this name.
Frise, 18, Frisia.
France, 3.
Galles (Lamoureaulx de), 9, Wales.
Gennes, 19, Genoa.
Geoffray, seigneur de Bourdeloys, 18.
Gilles Corrozet, 24, author of *Richard Sans Peur.*
Gloriande, 15, a fairy.
Godefroy de Frise, 18.
Guerin, duc de Lorraine, 18.
Guillaume Longue Espee, 15.
Guy, duc de Bourgongne, 12.
Hector, 12, son of King Priam, brother of the abductor of Helen, hero of Troy.
Helequin, 3, *Hellequin,* 5, *Helquin,* 5, leader of the night-riders, wandering souls known as *la maisnie Helequin.* The name may be a corruption of *Charles Quint* or of the German *Erlkönig,* and was later corrupted once again to *Arlequin.*
Hierusalem, 18, Jerusalem.
Hoël, conte de Nantes, 18, King of

LIST OF PROPER NAMES AND PLACE NAMES 115

Britanny, father of Iseut aux blanches mains.
Italie, 19, Italy.
Jaffa, 21, Jaffa (Israel).
Jesu Crist, 7, Jesus Christ, 25.
Katherine (Saincte), 20.
Lambert, prince de Brucelles, 18.
Lamoureulx de Galles, 9, *Lamoureux de Galles*, 12, an English knight, (son of King Pellinor de Listenois).
Leon, (le pape), 12, Pope Leo.
Londres, 14, London.
Lorraine, (Guerin, duc de), 18.
Mans (Riol du), 18, *(Roland, conte du)*, 12, Le Mans.
Marche (le conte de la), 9.
Marie (la Vierge), 8, Mary, mother of Jesus.
Montauban (Regnault de), 12.
Mortaigne, (le conte de), 13.
Naimes, duc de Bavieres, 12.
Nantes, 18, Nantes.
Normandie, 1, Normandy.
Normans, 14.
Northobellande (le duc de), 13, *(le conte de)*, 14, Northumberland.
Ogier, 12, *Ogier de Dammemarche*, 12, *Ogier le Dannoys*, 12.
Olivier, 12, *Olivier de Vienne*, 12, Oliver, companion of Roland, one of the Twelve Peers of France.
Paris, 12.
Regnault de l'Espine, 14, Regnault de Montauban, 12.
Richard, 1, Richard de Normandie, 10, *Richard sans Paour*, 1, Richard I, Duke of Normandy.
Ricquebourg (le boys de), 15.
Riol du Mans, 18.
Robert le Dyable, prologue, Robert, 6th Duke of Normandy, father of William the Conqueror, here wrongly represented as father of Richard Sans Peur.
Roland, 12, *Roland, conte de Blayes*, 12, *Roland, conte du Mans*, 12, Roland, hero of Roncesvaux.
Rollo, 15, 1st Duke of Normandy.
Romme (l'empereur de), prologue and 12, Rome.
Rosbec (l'eau de), 8.
Rouen, 1, Rouen (Seine-Maritime), capital of Normandy.
Saincte Katherine, 20.
Saincte Katherine du mont de Sinay, 20, a monastery.
Sainct Ouen, 8, Saint-Ouan, an abbey church in Rouen.
Saint Wandrille, 24, Saint-Wandrille, a Benedictine abbey situated near the mouth of the Seine.
Salomon de Bretaigne, 12.
Sanson de Picardie, 18.
Sarrazins, 3, Saracens.
Sathanas, 10, Satan.
Sesnes, 14, Saxons.
Sinay (mont de), 20, Mount Sinai.
Terre Saincte (la), 18, The Holy Land.
Thierry d'Ardaine, 12.
Turcs, 18, Turks.
Vendosme (le conte de), 9, *Vendosme (le duc de)*, 12, Vendôme.
Vicestre (le conte de), 14, See Wicestre.
Vincennes (le boys de), 18.
Wicestre (le conte de), 14, Winchester.
Yvain, 13, an English knight in Clarice's train.
Zirfee, 25, a magician.

GLOSSARIES

LE ROMANT DE RICHART

abjecte, 283, pres. ind. 3 *abjecter,* to oppose.
abuvree, 441, past part. fem. *aboivre/abuvrer,* to give to drink.
ahan, 318, n. m., suffering; pain.
aherdy, 245, perf. 3 *aherdir,* to grapple with; embrace.
allie, 673, n. f., a clove of garlic.
amont et aval, 540, adv., up and down; high and low.
argue, 296, pres. ind. 3 *arguer,* to press; argue.
assier, 752, n. m., steel.
avoy, 641, n. m., opposition.
avoyer, 374, v., to leave alone.
aval (amont et), 540, adv., up and down; high and low.

baillastes, 736, perf. 5 *bailler,* to give.
biere, 384, n. f., coffin.
brunny, 748, adj. m., burnished.

cappler, 747, v., to strike.
carolle, 102, n. f., assembly; round dance.
celleron, 554, fut. 4 *celler,* to hide; popular usage as fut 1.
conchié, 476, past part. *conchier,* to deceive; trick.
consistoire, 334, n. m., assembly.
contreval, 685, prep., along; throughout.
convenal, 56, adj., venal; corrupt.
convenancer, 548, v., to promise.
couart, 422, adj., cowardly.
couchiés, 458, past part. *couchïer (= conchïer),* to deceive; trick.
crosler, 404, v., to shake; tremble.

deloye, 157, pres. subj. 3 *delaier,* to delay.
desconfire, 566, v., to put to flight.
desertir, 771, v., to unravel.
despensier, 512, n. m., quartermaster.
dessaisy, 779, past part. *dessaisir,* to renounce; surrender.
desserre, 742, pres. ind. 3 *desservir,* to merit.
destrempé, 560, adj. and past part. *destremper,* to wet; mix a liquid.
devie, 364, pres. subj. 1 *devier,* to die.

GLOSSARIES 117

diffame, 488, n. m., dishonour.

egenoullier, 236, v., to kneel.
einne, 561, adv., never.
encrouee, 330, past part. fem. *encrouer,* to hang; perch.
engaigne, 600, n. f., spite.
engignés, 796, past part. *engigner,* to trick; deceive.
ens, 726, pers. pron., one.
entamer, 754, v., to penetrate.
erre (grant), 522, adv., quickly
errement, 560, n. m., ink.
esbahy, 668, past part. *esbahir,* to amaze; stun.
escorce, 761, n. f., piece of skin; piece of rind; scratch.
esmoulue, 474, adj. fem., sharp.
essoine, 255, n. f., excuse; obstacle.
estour, 616, n. m., combat; mêlée.
estrain, 191, n. m., straw.
estrie, 568, pres. ind. 1 *escrier,* to shout.
estrivé, 268, past part. *estriver,* to contest; dispute.
estroys, 403, n. m., cry of distress.

festus, 546, n. m. pl., straws.
feu, 764, n. m., manner.
feurre, 434, n. m., scabbard.
fierir, 476, n. m., manner; way.
finee, 423, past part. fem. *finer,* to die.
fiz, 187, pres. ind. 1 *fier,* to have confidence in.

game, 487, n. f., tune; game.
grant erre, 522, adv., quickly.
gueulx, 512, n. m., treasurer.

haire, 642, n. f., misery; pain.
huas, 38, n. m. pl., owls.
hucher, 784, v., to call.

larris, 572, n. m. pl., heath; moor.

marry, 435, adj., sad.
mehaigne, 599, pres. ind. 3 *mehaigner,* to wound.
meilleu, 301, n. m., middle; midst.
merlee, 684, n. f., combat; battle.
mestier, 550, n. m., need.
meure, 541, n. f., mulberry.
mors, 612, n. f. pl., customs; usages.
muay, 417, perf. 1; *muee,* past part. fem. *muer,* to change.

nain, 191, n. m., precaution.
nanil, 439, adv., no.
nesune, 459, adj. no.

os, 709, pres. ind. 1 *oïr,* to hear.

orine, 783, n. f., origin; race.
oye, 287, n. m., decision.

plevvy, 734, past part. *plevir*, to marry; pledge faith.
prebstre, 729, n. m., priest.

rassotté, 524, past part. *rassotter*, to go mad.
respassee, 442, past part. fem. *respasser*, to recover.
rosté, 171, past part. *roster*, to take away; carry off.

sachas, 434, perf. 2 *sacher*, to draw (sword).
sain, 188, n. m., belt; sangle.
saisine, 785, n. f., possession (of land or of an office).
secretains, 317, n. m., sacristain.
sené, 677, adj., prudent.
serre (me), 433, pres. ind. 1 *se serrer*, to be severe.
siecle, 423, n. m., earthly life.
signe, 597, n. m., swan.
soubdoier, 544, n. m., mercenary; knight errant.
sourt, 549, pres. ind. 3 *sourdre*, spring up; break out.
souven, 813, adv., often.
suxité, 116, past part. *suxiter*, to resuscitate; resurrect.

tansson, 551, n. f., dispute; argument.
targés, 532, past part. pl. *targer*, to be late.
tenant (en ung), 794, adv. phrase, without interruption.
ty, 732, pers. pron. 2, you.

vivier, 597, n.m., pond.

RICHART SANS PAOUR

acconsuyt, chap. 3, perf. 3; *aconsuyvirent*, chap. 12, perf. 6. *aconsivre*, to strike.
acoustrer, chap. 18, v., to dress.
aherdit, chap. 7, perf. 3 *aherdir*, to grapple with; embrace.
admiree, chap. 10, past part. fem. *admirer*, to take care of.

bailla, chap. 2, perf. 3 *bailler*, to give.
bresche, chap. 6, n.f., blaze; mark.
brocher, chap. 5, v., to spur.

cautelle, chap. 21, n.f., ruse.
chapplerent, chap. 16, perf. 6 *chappler*, to strike.
cheute, chap. 8, n.f., fall.
chevaliirs, chap. 21, n.m., knight.
contreval, chap. 16, prep., along; throughout.
croller, chap. 10, v., to shake; tremble.
cuita, chap. 3, perf. 3 *cuiter*, to dodge, parry.

desavouement, chap. 18, n.m., disapproval; dissuasion.

GLOSSARIES 119

despecer, chap. 1, v., to tear to pieces.

empigné, chap. 7, past part. *empigner,* to strike; pinion.
empres, chap. 11, prep., near.
enginer, chap. 2, v., to trick; deceive.
ensemble, chap. 20, prep. together with.
entamer, chap. 17, to penetrate; pierce.
esbahy, chap. 6, past part. *esbahir,* to amaze; stun.
escouyt (s'), chap. 7, perf. 3 *s'escouir,* to jump aside; dodge.
esprinse, chap. 10, past part. *esprendre,* to light up.
estrivé, chap. 8, past part. *estriver,* to contest; dispute.

feurre, chap. 6, n.m., straw.
finer, chap. 21, v., to die.
formez, chap. 18, past part. *former,* to treat.

gand, chap. 7, n.m., glove.
goutte (ne...), chap. 21, neg. adv., not.

hacquenee, chap. 13, n.f., palfrey.
huas, chap. 1, n.m.pl., owls.

joustes, chap. 13, n.f., joust; tournement.

leans, chap. 21, adv., there; in that place.
luytastes, chap. 16, perf. 5 *luyter,* to struggle; fight.
lyepart, chap. 10, n.m., leopard.
lyesse, chap. 18, n.f., joy.

marrie, chap. 13, adj. fem., sad.
merquer, chap. 6, v., to mark.
mué, chap. 14, past part. *muer,* to change.

nenny, chap. 10, adv., no.
nud, chap. 11, adj., naked.

obtempera, chap. 18, perf. 3 *obtemperer,* to comply with.
ovec, chap. 23, prep., with.

pannoyant, chap. 21, pres. part. *pannoyer,* to swing.
parforçoit (se), chap. 12, imp. 3 *se perforcer,* to strive.
plommeau, chap. 25, n.m., pommel.
populaire, chap. 11, n.m., populace; commons.
porphire, chap. 25, n.m., porphyry.
potis, chap. 18, n.m., postern.
pourmené, chap. 13, past part.; *pourmenoit (se),* chap. 13, imp. 3 *se pourmener,* to walk.

quitast, chap. 14, imp. suj. 3 *quiter,* to be at peace.

revisitee, chap. 10, past part. fem. *revisiter,* to watch over.

saisine, chap. 17, n.f., possession (of land or of an office).
sourd, chap. 14, pres. ind. 3 *sourdre,* to spring up; break out.

tempeste, chap. 22, pres. subj. 2 *tempester,* to torment.
tonnoirre, chap. 19, n.m., thunder.
tronssons, chap. 16, n.m.pl., pieces.
tumberent, chap. 12, perf. 6 *tumber,* to fall.

BIBLIOGRAPHY

1. OLD EDITIONS OF "RICHARD SANS PEUR" AND THEIR LOCATION

A. *Verse*

Le Romant de Richart, filz de Robert le Diable, qui fut duc de Normendie, bound together with an edition of *Robert le Diable,* Lyon, (Pierre Mareschal and Bernabé Chaussart), 7th May, 1496. Bibliothèque Nationale Paris, Rés. Y² 713 (formerly Y² 233, and previously in the Chastre de Cangé collection).

B. *Prose*

Le Rommant de Richart sans Paour, duc de Normandie, lequel fut filz de Robert le Dyable et fut par sa prudence roy d'Angleterre lequel fist plusieurs nobles conquestes et vaillances, Paris, (Alain Lotrian and Denis Janot), c1530. Bibliothèque de l'Arsenal, Rés. 4° B.L.4303.

L'Histoire de Richard sans Peur, duc de Normandie, qui fut filz de Robert le Diable et par sa prudence Roy de Angleterre, lequel fit plusieurs nobles conquestes et vaillances, Paris, (Simon Calvarin), c1560. British Museum, C.57.c.27.

Histoire du redouté Richard sans Peur, Duc de Normandie, lequel fut fils de Robert surnommé le Diable, et par sa proesse et prudence Roy d'Angleterre, ou il est traité de ses faicts valeureux et admirables et des merveilleuses adventures qui lui sont advenues, Paris, (Nicolas and Pierre Bonfons), n.d., (last third of the sixteenth century?). Bibliothèque de l'Arsenal, Rés. 4° B.L.4304.

L'Histoire de Richard sans Peur, Duc de Normandie, fils de Robert le Diable, qui par sa prudence fut Roy d'Angleterre, lequel fit plusieurs nobles conquestes et vaillances. Nouvellement reveu, corrigé, et imprimé. Lyon, (Barthelémy Ancelin), 1601. Bibliothèque Nationale, Paris, Rés. Y² 1463.

2. EDITIONS DU COLPORTAGE

Richard sans Peur, Paris, (Bibliothèque bleue), 1769, 1775, 1776.
Richard sans Peur, Liége, (Bibliothèque bleue, Desoèr), 1787.
Richard sans Peur, Epinal, (Pellerin), n.d.

Histoire de Richard sans Peur, fils de Robert le Diable, Mirecourt, (Humbert), 1837. The cover incorrectly indicates publication at Charmes by Buffet.

Richard sans Peur, sous une forme nouvelle et dans un style moderne, Paris, (Librairie populaire des villes et des campagnes), 1851.

3. Other works relevant to "Richard sans Peur"

Argences, Raoul d', 6th Abbot of Fécamp, 1188-1219, *Charter*, Paris, *(Bibliothèque de l'Ecole des Chartes, XX)*, 1859, p. 156. A history of the *confrèrie de jongleurs* at Fécamp.

Bédier, J., *Richard de Normandie dans les chansons de geste, Romanic Review*, t. *1*, 1910, pp. 113-124.

———, *Les Légendes épiques*, t. *IV*, Paris, 1914 — "Richard de Normandie dans les chansons de geste."

Benoît de Saint-Maure, *Chronique des Ducs de Normandie*, ed. Carin Fahlin, Upsala, 1951-54.

Braet, H., *Le Songe de l'arbre chez Wace, Benoît et Aimon de Varennes, Romania XCI*, no. 2, 1970, pp. 255-67.

Brunet, G., *La France littéraire au XVe siècle*, Paris, 1865, p. 178.

Brunet, J. C., *Manuel du libraire et de l'amateur de livres*, t. IV, Paris, 1860-65, entry no. c. 1282.

Bonnardot, A., *Gilles Corrozet et Germain Brice, étude bibliographique sur ces deux historiens de Paris*, Paris, (Champion), 1880.

Bossuat, R., *Manuel bibliographique de la littérature française du moyen âge*, Melun, (D'Argences), 1951, entry no. 4156.

Collection de poésies, romans, chroniques, 4, Paris, (Sylvestre), 1839. A reproduction of the Mareschal et Chaussard edition of *Le Romant de Richard*.

Doutrepont, G., *Les Mises en prose des épopées et des romans chevaleresques*, Brussels, 1939, pp. 8, 304-308, 329, 364, 367, 375, 393 and 451.

Holmes, U.T., *A History of French literature from the origins to 1300*, Chapel Hill, (U.N.C. Press), 1937. A mention of *Richard sans peur*.

Jacobs, P.L., *Collection de documents rares ou inédits relatifs à l'histoire de Paris*, Paris, (Willem), 1874. References to Gilles Corrozet.

Langfors, A., *Histoire de l'abbaye de Fécamp*, *(Ann. Acad. Scient. Fennicae, BXXII, No 1)*, Helsinki, 1928.

Leroux de Lincy, A.J.V., *Le Livre des légendes*, Paris, (Sylvestre), 1836, pp. 240-245.

———, *Etude historique et littéraire sur l'abbaye de Fécamp*, Paris, 1840.

Michel, Fr., *Histoire des ducs de Normandie*, Paris, (S.H.F.), 1840.

Morawski, J., *La Légende de Saint Antoine Ermite*, Poznan, 1939, p. 3.

Nisard, Ch., *Histoire des livres populaires ou de la littérature du colportage, II*, Paris, (Dentu), 1864, pp. 435-448.

Paris, G., *La Littérature normande avant l'annexion*, Paris, 1899, p. 11.

Paulmy, Antoine-René d'Argenson, marquis de, *Mélanges tirés d'une grande bibliothèque*, Paris, 1779-1788.

Schdmidt, J. W., *Les Romans en prose des cycles de la Table Ronde et de Charlemagne*, Paris, n.d., p. 156.

Tilley, A., *Les Romans de chevalerie en prose, (Revue du XVI° siècle, t. VI)*, 1919, pp. 55, 58 and 63.

Wace, *Le Roman de Rou*, ed. A. J. Holden, Paris, *S.A.T.F.*, (Picard), 1970-1.

NORTH CAROLINA STUDIES IN THE ROMANCE LANGUAGES AND LITERATURES

I.S.B.N. Prefix 0-8078-

Recent Titles

PROPER NAMES IN THE LYRICS OF THE TROUBADOURS, by Frank M. Chambers. 1971. (No. 113). *-913-8.*

STUDIES IN HONOR OF MARIO A. PEI, edited by John Fisher and Paul A. Gaeng. 1971. (No. 114). *-914-6.*

DON MANUEL CAÑETE, CRONISTA LITERARIO DEL ROMANTICISMO Y DEL POS-ROMANTICISMO EN ESPAÑA, por Donald Allen Randolph. 1972. (No. 115). *-915-4.*

THE TEACHINGS OF SAINT LOUIS. A CRITICAL TEXT, by David O'Connell. 1972. (No. 116). *-916-2.*

HIGHER, HIDDEN ORDER: DESIGN AND MEANING IN THE ODES OF MALHERBE, by David Lee Rubin. 1972. (No. 117). *-917-0.*

JEAN DE LE MOTE "LE PARFAIT DU PAON," édition critique par Richard J. Carey. 1972. (No. 118). *-918-9.*

CAMUS' HELLENIC SOURCES, by Paul Archambault. 1972. (No. 119). *-919-7.*

FROM VULGAR LATIN TO OLD PROVENÇAL, by Frede Jensen. 1972. (No. 120). *-920-0.*

GOLDEN AGE DRAMA IN SPAIN: GENERAL CONSIDERATION AND UNUSUAL FEATURES, by Sturgis E. Leavitt. 1972. (No. 121). *-921-9.*

THE LEGEND OF THE "SIETE INFANTES DE LARA" (*Refundición toledana de la crónica de 1344* versión), study and edition by Thomas A. Lathrop. 1972. (No. 122). *-922-7.*

STRUCTURE AND IDEOLOGY IN BOIARDO'S "ORLANDO INNAMORATO," by Andrea di Tommaso. 1972. (No. 123). *-923-5.*

STUDIES IN HONOR OF ALFRED G. ENGSTROM, edited by Robert T. Cargo and Emmanuel J. Mickel, Jr. 1972. (No. 124). *-924-3.*

A CRITICAL EDITION WITH INTRODUCTION AND NOTES OF GIL VICENTE'S "FLORESTA DE ENGANOS," by Constantine Christopher Stathatos. 1972. (No. 125). *-925-1.*

LI ROMANS DE WITASSE LE MOINE. *Roman du treizième siècle.* Édité d'après le manuscrit, fonds français 1553, de la Bibliothèque Nationale, Paris, par Denis Joseph Conlon. 1972. (No. 126). *-926-X.*

EL CRONISTA PEDRO DE ESCAVIAS. *Una vida del Siglo XV,* por Juan Bautista Avalle-Arce. 1972. (No. 127). *-927-8.*

AN EDITION OF THE FIRST ITALIAN TRANSLATION OF THE "CELESTINA," by Kathleen V. Kish. 1973. (No. 128). *-928-6.*

MOLIÈRE MOCKED. THREE CONTEMPORARY HOSTILE COMEDIES: *Zélinde, Le portrait du peintre, Élomire Hypocondre,* by Frederick Wright Vogler. 1973. (No. 129). *-929-4.*

C.-A. SAINTE-BEUVE. *Chateaubriand et son groupe littéraire sous l'empire.* Index alphabétique et analytique établi par Lorin A. Uffenbeck. 1973. (No. 130). *-930-8.*

THE ORIGINS OF THE BAROQUE CONCEPT OF "PEREGRINATIO," by Juergen Hahn. 1973. (No. 131). *-931-6.*

THE "AUTO SACRAMENTAL" AND THE PARABLE IN SPANISH GOLDEN AGE LITERATURE, by Donald Thaddeus Dietz. 1973. (No. 132). *-932-4.*

FRANCISCO DE OSUNA AND THE SPIRIT OF THE LETTER, by Laura Calvert. 1973. (No. 133). *-933-2.*

When ordering please cite the *ISBN Prefix* plus the last four digits for each title.

Send orders to: University of North Carolina Press
Chapel Hill
North Carolina 27514
U. S. A.

NORTH CAROLINA STUDIES IN THE ROMANCE LANGUAGES AND LITERATURES

I.S.B.N. Prefix 0-8078-

Recent Titles

ITINERARIO DI AMORE: DIALETTICA DI AMORE E MORTE NELLA VITA NUOVA, by Margherita de Bonfils Templer. 1973. (No. 134). *-934-0.*
L'IMAGINATION POETIQUE CHEZ DU BARTAS: ELEMENTS DE SENSIBILITE BAROQUE DANS LA "CREATION DU MONDE," by Bruno Braunrot. 1973. (No. 135). *-934-0.*
ARTUS DESIRE: PRIEST AND PAMPHLETEER OF THE SIXTEENTH CENTURY, by Frank S. Giese. 1973. (No. 136). *-936-7.*
JARDIN DE NOBLES DONZELLAS, FRAY MARTIN DE CORDOBA, by Harriet Goldberg. 1974. (No. 137). *-937-5.*
MYTHE ET PSYCHOLOGIE CHEZ MARIE DE FRANCE DANS "GUIGEMAR", par Antoinette Knapton. 1975. (No. 142). *-942-1.*
THE LYRIC POEMS OF JEHAN FROISSART: A CRITICAL EDITION, by Rob Roy McGregor, Jr. 1975. (No. 143). *-943-X.*
THE HISPANO-PORTUGUESE CANCIONERO OF THE HISPANIC SOCIETY OF AMERICA, by Arthur Askins. 1974. (No. 144). *-944-8.*
HISTORIA Y BIBLIOGRAFÍA DE LA CRÍTICA SOBRE EL "POEMA DE MÍO CID" (1750-1971), por Miguel Magnotta. 1976. (No. 145). *-945-6.*
LES ENCHANTEMENZ DE BRETAIGNE. AN EXTRACT FROM A THIRTEENTH CENTURY PROSE ROMANCE "LA SUITE DU MERLIN", edited by Patrick C. Smith. 1977. (No. 146). *-9146-0.*
THE DRAMATIC WORKS OF ÁLVARO CUBILLO DE ARAGÓN, by Shirley B. Whitaker. 1975. (No. 149). *-949-9.*
A CONCORDANCE TO THE "ROMAN DE LA ROSE" OF GUILLAUME DE LORRIS, by Joseph R. Danos. 1976. (No. 156). *0-88438-403-9.*
POETRY AND ANTIPOETRY: A STUDY OF SELECTED ASPECTS OF MAX JACOB'S POETIC STYLE, by Annette Thau. 1976. (No. 158). *-005-X.*
FRANCIS PETRARCH, SIX CENTURIES LATER, by Aldo Scaglione. 1975. (No. 159).
STYLE AND STRUCTURE IN GRACIÁN'S "EL CRITICÓN", by Marcia L. Welles, 1976. (No. 160). *-007-6.*
MOLIERE: TRADITIONS IN CRITICISM, by Laurence Romero. 1974 (Essays, No. 1). *-001-7.*
CHRÉTIEN'S JEWISH GRAIL. A NEW INVESTIGATION OF THE IMAGERY AND SIGNIFICANCE OF CHRÉTIEN DE TROYES'S GRAIL EPISODE BASED UPON MEDIEVAL HEBRAIC SOURCES, by Eugene J. Weinraub. 1976. (Essays, No. 2). *-002-5.*
STUDIES IN TIRSO, I, by Ruth Lee Kennedy. 1974. (Essays, No. 3). *-003-3.*
VOLTAIRE AND THE FRENCH ACADEMY, by Karlis Racevskis. 1975. (Essays, No. 4). *-004-1.*
THE NOVELS OF MME RICCOBONI, by Joan Hinde Stewart. 1976. (Essays, No. 8). *-008-4.*
FIRE AND ICE: THE POETRY OF XAVIER VILLAURRUTIA, by Merlin H. Forster. 1976. (Essays, No. 11). *-011-4.*
THE THEATER OF ARTHUR ADAMOV, by John J. McCann. 1975. (Essays, No. 13). *-013-0.*
AN ANATOMY OF POESIS: THE PROSE POEMS OF STÉPHANE MALLARMÉ, by Ursula Franklin. 1976. (Essays, No. 16). *-016-5.*
LAS MEMORIAS DE GONZALO FERNÁNDEZ DE OVIEDO, Vols. I and II, by Juan Bautista Avalle-Arce. 1974. (Texts, Textual Studies, and Translations, Nos. 1 and 2). *-401-2; 402-0.*
GIACOMO LEOPARDI: THE WAR OF THE MICE AND THE CRABS, translated, introduced and annotated by Ernesto G. Caserta. 1976. (Texts, Textual Studies, and Translations, No. 4). *-404-7.*

When ordering please cite the *ISBN Prefix* plus the last four digits for each title.

Send orders to: University of North Carolina Press
Chapel Hill
North Carolina 27514
U. S. A.

NORTH CAROLINA STUDIES IN THE ROMANCE LANGUAGES AND LITERATURES

I.S.B.N. Prefix 0-8078-

Recent Titles

LUIS VÉLEZ DE GUEVARA: A CRITICAL BIBLIOGRAPHY, by Mary G. Hauer. 1975. (Texts, Textual Studies, and Translations, No. 5). -405-5.

UN TRÍPTICO DEL PERÚ VIRREINAL: "EL VIRREY AMAT, EL MARQUÉS DE SOTO FLORIDO Y LA PERRICHOLI". EL "DRAMA DE DOS PALANGANAS" Y SU CIRCUNSTANCIA, estudio preliminar, reedición y notas por Guillermo Lohmann Villena. 1976. (Texts, Textual Studies, and Translation, No. 15). -415-2.

LOS NARRADORES HISPANOAMERICANOS DE HOY, edited by Juan Bautista Avalle-Arce. 1973. (Symposia, No. 1). -951-0.

ESTUDIOS DE LITERATURA HISPANOAMERICANA EN HONOR A JOSÉ J. ARROM, edited by Andrew P. Debicki and Enrique Pupo-Walker. 1975. (Symposia, No. 2). -952-9.

MEDIEVAL MANUSCRIPTS AND TEXTUAL CRITICISM, edited by Christopher Kleinhenz. 1976. (Symposia, No. 4). -954-5.

SAMUEL BECKETT. THE ART OF RHETORIC, edited by Edouard Morot-Sir, Howard Harper, and Dougald McMillan III. 1976. (Symposia, No. 5). -955-3.

DELIE. CONCORDANCE, by Jerry Nash. 1976. 2 Volumes. (No. 174).

FIGURES OF REPETITION IN THE OLD PROVENÇAL LYRIC: A STUDY IN THE STYLE OF THE TROUBADOURS, by Nathaniel B. Smith. 1976. (No. 176). -9176-2.

A CRITICAL EDITION OF LE REGIME TRESUTILE ET TRESPROUFITABLE POUR CONSERVER ET GARDER LA SANTE DU CORPS HUMAIN, by Patricia Willett Cummins. 1977. (No. 177).

THE DRAMA OF SELF IN GUILLAUME APOLLINAIRE'S "ALCOOLS", by Richard Howard Stamelman. 1976. (No. 178). -9178-9.

A CRITICAL EDITION OF "LA PASSION NOSTRE SEIGNEUR" FROM MANUSCRIPT 1131 FROM THE BIBLIOTHEQUE SAINTE-GENEVIEVE, PARIS, by Edward J. Gallagher. 1976. (No. 179). -9179-7.

A QUANTITATIVE AND COMPARATIVE STUDY OF THE VOCALISM OF THE LATIN INSCRIPTIONS OF NORTH AFRICA, BRITAIN, DALMATIA, AND THE BALKANS, by Stephen William Omeltchenko. 1977. (No. 180). -9180-0.

OCTAVIEN DE SAINT-GELAIS "LE SEJOUR D'HONNEUR", edited by Joseph A. James. 1977. (No. 181). -9181-9.

A STUDY OF NOMINAL INFLECTION IN LATIN INSCRIPTIONS, by Paul A. Gaeng. 1977. (No. 182). -9182-7.

THE LIFE AND WORKS OF LUIS CARLOS LÓPEZ, by Martha S. Bazik. 1977. (No. 183). -9183-5.

"THE CORT D'AMOR". A THIRTEENTH-CENTURY ALLEGORICAL ART OF LOVE, by Lowanne E. Jones. 1977. (No. 185). -9185-1.

LANGUAGE IN GIOVANNI VERGA'S EARLY NOVELS, by Nicholas Patruno. 1977. (No. 188). -9188-6.

BLAS DE OTERO EN SU POESÍA, by Moraima de Semprún Donahue. 1977. (No. 189). -9189-4.

LA ANATOMÍA DE "EL DIABLO COJUELO": DESLINDES DEL GÉNERO ANATOMÍSTICO, por C. George Peale. 1977. (No. 191). -9191-6.

RICHARD SANS PEUR, EDITED FROM "LE ROMANT DE RICHART" AND FROM GILLES CORROZET'S "RICHART SANS PAOUR", by Denis Joseph Conlon. 1977. (No. 192). -9192-4.

MONTAIGNE AND FEMINISM, by Cecile Insdorf. 1977. (No. 194). -9194-0.

SANTIAGO F. PUGLIA, AN EARLY PHILADELPHIA PROPAGANDIST FOR SPANISH AMERICAN INDEPENDENCE, by Merle S. Simmons. 1977. (No. 195). -9195-9.

When ordering please cite the *ISBN Prefix* plus the last four digits for each title.

Send orders to: University of North Carolina Press
Chapel Hill
North Carolina 27514
U. S. A.

The Department of Romance Studies Digital Arts and Collaboration Lab at the University of North Carolina at Chapel Hill is proud to support the digitization of the North Carolina Studies in the Romance Languages and Literatures series.

www.ingramcontent.com/pod-product-compliance
Lightning Source LLC
Chambersburg PA
CBHW020420230426
43663CB00007BA/1248